Colmar Grünhagen

König Johann von Böhmen und Bischof Nanker von Breslau

Ein Beitrag zur Geschichte des Kampfes mit dem Slaventhum im deutschen Osten.

Colmar Grünhagen

König Johann von Böhmen und Bischof Nanker von Breslau
Ein Beitrag zur Geschichte des Kampfes mit dem Slaventhum im deutschen Osten.

ISBN/EAN: 9783743638433

Hergestellt in Europa, USA, Kanada, Australien, Japan

Cover: Foto ©ninafisch / pixelio.de

Weitere Bücher finden Sie auf **www.hansebooks.com**

KÖNIG JOHANN
VON BÖHMEN
UND
BISCHOF NANKER VON BRESLAU

EIN BEITRAG ZUR GESCHICHTE

DES KAMPFES MIT DEM SLAVENTHUM

IM

DEUTSCHEN OSTEN

VON

Dr. C. GRÜNHAGEN

WIEN
AUS DER K. K. HOF- UND STAATSDRUCKEREI

IN COMMISSION BEI KARL GEROLD'S SOHN, BUCHHÄNDLER DER KAIS. AKADEMIE
DER WISSENSCHAFTEN

1864

Aus dem Juli-Hefte des Jahrganges 1864 der Sitzungsberichte der phil.-hist. Classe der kais. Akademie der Wissenschaften [XLVII. Bd., S. 4] besonders abgedruckt.

Wenn Jemand eine der Bearbeitungen schlesischer Geschichte aufmerksam durchliest, muss es ihn in Erstaunen setzen, wie wenig er daran erinnert wird, dass es sich hier um ein slavisches Land handelt, welches erst von den Deutschen erobert und deutschem Wesen vollständig zugeeignet werden musste. Von der slavischen Bevölkerung und einem Widerstande, den dieselbe zu leisten vermocht, ist fast nirgends die Rede, und es sieht aus, als habe sich die Entwickelung Schlesiens ganz ohne Rücksicht auf sie vollzogen. Aber diese Meinung ist durchaus irrig, die Gegensätze zwischen deutschem und slavischem Wesen liegen überall unter der Oberfläche und man kann wohl behaupten, dass bei den Deutschen in Schlesien die Furcht vor einer slavischen Reaction sich nicht nur durch das ganze Mittelalter erhalten, sondern auch geradezu bestimmend auf die Entwickelung der Verhältnisse eingewirkt hat. Jeder Fortschritt der provinziellen Geschichtsschreibung wird ohne Zweifel diese Momente mehr und mehr an's Licht bringen, und gerade derartige Nachweisungen dürften geeignet sein, über die Grenzen der Provinz hinaus ein allgemeines nationales Interesse zu erregen für Kämpfe, bei denen es sich darum handelte, hier auf den Marken des Vaterlandes eine Eroberung deutschen Fleisses und deutscher Intelligenz tapfer zu vertheidigen und zu behaupten.

Schon an anderer Stelle habe ich nachzuweisen gesucht, welche entscheidende Rolle das nationale Moment bei dem bedeutsamsten Ereignisse der mittelalterlichen schlesischen Geschichte, dem Anschlusse Schlesiens an Böhmen im XIV. Jahrhundert, gespielt hat [1]. Zu derselben Zeit nun, wo dieses Ereigniss eintrat und nicht ohne Zusammenhang mit ihm ward auch auf kirchlichem Gebiete ein

---

[1] Grünhagen: Breslau unter den Piasten als deutsches Gemeinwesen. Breslau 1861. S. 48 f.

Kampf der Nationalitäten geführt, noch besonders bedeutsam dadurch, dass in ihm auch die päpstliche Curie entschieden und doch nicht siegreich Partei ergreift. Diesen im Einzelnen und in seinem ganzen Zusammenhange und bis zu dem Conflicte zwischen König Johann und Bischof Nanker, in welchem er recht eigentlich gipfelt, darzustellen ist der Zweck dieser Blätter.

Dieser Kampf gewährt zugleich das ungewohnte Schauspiel, die deutsche Geistlichkeit im Dienste eines nationalen Principes streiten zu sehen, und eine Combination, wie sie hier vorliegt, wo das Domcapitel und der überwiegend grösste Theil des Diöcesanklerus im engen Anschluss an das deutsche Bürgerthum dem päpstlichen Legaten und dem Bischofe eine hartnäckige und siegreiche Opposition machten, dürfte die vaterländische Geschichte schwerlich noch einmal aufzuweisen vermögen. Dass eine solche Rolle gerade dem schlesischen Klerus zugefallen ist, und dass jene Opposition in so durchaus massvoller und besonnener Weise, und ohne je der Kirche als solcher Gefahr zu bringen durchgeführt worden ist, muss zugleich dazu beitragen, der etwas geringschätzigen Art, mit der in neuester Zeit eine weniger eingehende Betrachtung über das Verhalten des schlesischen Klerus im Mittelalter abgeurtheilt hat, entgegenzutreten.

Wenn die hier folgende Darstellung darauf Anspruch machen kann, im Wesentlichen Neues zu bieten, so liegt das darin, dass die neueste Zeit gerade für die Kenntniss der hier einschlagenden Verhältnisse reiches Material an's Licht gebracht hat, vorzüglich in zwei Werken, den von Theiner aus den Schätzen des vaticanischen Archivs veröffentlichten Monum. vetera Poloniae et Lithuaniae tom. I und dem Formelbuche Arnold's von Protzan, welches Professor Wattenbach im V. Bande des Cod. dipl. Silesiae herausgegeben hat. Freilich war die Benützung namentlich dieser letzteren Quelle, welche Urkunden aus der Zeit Bischof Heinrich's von Breslau († 1319), der Sedisvacanz (—1327) und der ersten Zeit Bischof Nanker's, und zwar nach der Art der Formelbücher ohne Namen und Datirung enthält, eben um dieses Umstandes willen sehr schwierig, und der Verfasser darf nicht hoffen, bei der Gruppirung und chronologischen Anordnung der einzelnen Stücke immer dem Irrthume entgangen zu sein.

Daneben hat aber der Umstand, dass die hier geschilderten Verhältnisse noch fast ganz unbekannt waren, es unerlässlich gemacht, durch eine eingehende Einleitung den Leser in die Verwickelungen, welche hier dargestellt werden sollen, einzuführen.

Das Bisthum Breslau zur Zeit des Anschlusses Schlesiens an Böhmen.

Die schlesische Kirche befand sich augenscheinlich beim Beginn des XIV. Jahrhunderts in einer üblen Lage. Die Anarchie, welche hier herrschte, wo die zahlreichen kleinen Fürsten fast ununterbrochen gegeneinander in Fehde lagen, die fortwährenden Kriege die Gemüther verwildern liessen und der Rohheit und Gewaltthat Thür und Thor öffneten, empfand natürlich die Geistlichkeit in besonders hohem Masse. Die ganze Zeit zeichnete sich keineswegs durch besondere Hinneigung zur Religiosität aus, und die zahlreichen kleinen schlesischen Dynasten, immer geldbedürftig, wie sie waren, vermochten der Lockung, sich an dem Kirchengut zu bereichern, um so weniger zu widerstehen, als dieses fast vertheidigungslos war, da die geistlichen Waffen, Bann und Interdict, in jener Zeit nur zu schnell ihre Wirkung verloren hatten.

Der mächtigste dieser schlesischen Fürsten, Boleslaw Herzog von Liegnitz und Brieg, der älteste Sohn Heinrich's V., ging hier mit dem übelsten Beispiele voran. Von brennendem Ehrgeize gepeinigt, hatte er seit frühester Jugend sich auf Kriegszügen umher getrieben und als Gemahl einer böhmischen Prinzessinn an den Thronfolgestreitigkeiten nach dem Ausgange der Przemysliden lebhaften Antheil genommen, dann lange in enger Verbindung mit König Johann gestanden, bis er plötzlich die Partei wechselnd in's polnische Lager überging, und mit König Wladislaw verbündet, entsetzliche Raubzüge nach Schlesien ausführte. Es möge zur Charakteristik der damaligen Verhältnisse anzuführen gestattet sein, wie bei einem dieser Züge, dem gegen Konrad von Oels und Glogau im Jahre 1322, das Breslauer Capitel (in der Zeit der Sedisvacanz) die Verbündeten, König Wladislaw und Herzog Boleslaw, anfleht, doch bei ihren Kriegszügen die Ländereien der Kirche zu schonen, es hätten die Soldaten an mehreren Orten auf schreckliche Weise gehaust, sogar die Kirchen und Kirchhöfe geplündert und verwüstet [1]). Darauf ant-

---
[1]) Arnold von Protzan's Formelbuch ed. Wattenbach. Cod. dipl. Sil. V, 226.

worteten die beiden Fürsten, das Capitel möge zwei Gesandte schicken, welche wegen der ihnen früher angethanen Unbilden sich verantworten sollten, eine Zumuthung, welche allerdings sehr nach der Fabel von dem Schafe, welches dem Wolfe das Wasser getrübt haben sollte, schmeckte, und am Ende wohl nur auf eine Gelderpressung abgesehen war. Das Capitel lehnt die Forderung als unausführbar ab mit Hinweis auf das Schicksal ihres ersten Boten, der, obwohl in schlechter Kleidung und zu Fuss kommend, doch sogleich von den Soldaten ergriffen und seiner Kleider und Stiefeln beraubt worden wäre. Zugleich erinnert man an die zahlreichen Gewaltthaten, welche Herzog Boleslaw schon der Kirche angethan, erklärt sich bereit, vor dem Erzbischof von Gnesen zu Recht zu stehen und erneuert die Bitte um Schonung [1]), sucht auch noch besonders einen Günstling des Königs (wahrscheinlich Joh. von Veroli, Bruder des noch mehrfach zu erwähnenden päpstlichen Gesandten Andreas von Veroli) zur Fürsprache zu bewegen [2]).

Wie wenig aber Alles geholfen habe, sehen wir daraus, dass das Capitel sich bald darauf genöthigt sieht, beim Erzbischof von Gnesen über die Verwüstungen jenes Kriegszuges Klage zu führen und bei dieser Gelegenheit unter Anderem anführt, wie das polnische Heer damals durch Mord und Brand so gewirthschaftet habe, dass allein im Kloster Trebnitz sechs Nonnen Hungers gestorben seien, worauf dann auch wirklich Herzog Boleslaw zu einigen wenig bedeutenden Entschädigungen an dieses Kloster sich versteht [3]). Ähnliche Verhältnisse haben sich natürlich oft wiederholt, die kleineren Fürsten waren nicht besser, und die schlesischen Zustände im Allgemeinen dürften noch ungleich schlimmer gewesen sein, als wir aus den spärlich vorhandenen Quellen erkennen können, so schlimm, dass die Sehnsucht nach einem mächtigen Oberherrn, dessen Autorität Ruhe und Frieden bringen konnte, zu einer unabweislichen Forderung auch für die Fürsten selbst wurde. Inzwischen aber hatte die Kirche sehr gelitten, und im Jahre 1327 versichern die Breslauer Domherren, dass der Breslauer, sowie überhaupt den meisten schle-

---

[1]) Formelb. 227.
[2]) Ebendas. 228.
[3]) Ebendas. 241 u. Anm. 1 dazu.

sischen Kirchen nicht der zehnte Theil ihrer sonstigen Einkünfte geblieben sei [1]).

Eigenthümlich war das Verhältniss der Domgeistlichkeit zu der Bürgerschaft der schlesischen Hauptstadt und ihrem Herzoge. Der letztere, Heinrich VI. (1309—1335), war vielleicht der gutmüthigste und wohlwollendste der damaligen schlesischen Fürsten, Raub und Grausamkeit waren von ihm nicht zu fürchten, dagegen war die mächtige und von trotzigem Selbstbewusstsein erfüllte Bürgerschaft Breslaus, welche in keinem Puncte, ausser in rein geistlichen Dingen, dem Bischof sich untergeordnet wusste und nicht allzuviel kirchlichen Sinn besass, schwerer zu behandeln, es hat hier an Reibungen nicht gefehlt, und noch zur Zeit Bischof Heinrich's (1302—1318) ist mehrfach, wenn gleich nicht immer mit besonderem Erfolge, die Wirkung des Interdicts an den Breslauern erprobt worden. Doch gewahren wir, wie namentlich in der Zeit der Sedisvacanz das Capitel nur mit sichtlichem Widerstreben gegen die Breslauer einschreitet, und wenn es gleich, schon um der päpstlichen Legaten willen, dies nicht vermeiden kann, doch die Wirkungen der geistlichen Strafen abzuschwächen und auf jede Weise die Hand zur Versöhnung zu bieten sucht [2]). Dies hat unzweifelhaft seinen Grund nicht so sehr in dem Bewusstsein, dass ihnen damals die Autorität eines Bischofs nicht zur Seite stand, als vielmehr in der Furcht vor einer ihnen durch den Zorn der erbitterten Bürgerschaft drohenden Gefahr [3]), ganz besonders aber in dem von der deutschen Majorität des Capitels gehegten Wunsche, in der Stadt, oder richtiger gesagt der herrschenden Aristokratie und dem Fürstenhause einen Rückhalt zu haben, gegenüber der von Avignon begünstigten polnischen Minorität; Verhältnisse, auf welche wir noch näher einzugehen Veranlassung haben werden. Es sind ja dieselben Patriciergeschlechter, welche uns im Breslauer Domcapitel, eben so wie im Rathe der Stadt und unter den Zeugen der herzoglichen Urkunden begegnen.

Ein höherer Grad von Spannung und Verwickelung kam in diese Verhältnisse ganz besonders durch die Ansprüche der päpstlichen Curie, welche, seit die Päpste in Avignon residirten, sich

---
[1]) Formelbuch 260.
[2]) Vergl. die zwei Schreiben. Formelbuch 242 u. 213.
[3]) Auf welche sie in dem letzteren der eben erwähnten Briefe direct hindeuten.

geldbedürftiger als je zeigte. Schlesien, der Klerus nicht ausgenommen, wurde in dreifacher Weise besteuert.

Von dem Klerus verlangte der Papst seit der Zeit Johann's XXII. **von jeder vacanten Pfründe den Ertrag eines Jahres (Annaten)**[1]). Schon aus dem Jahre 1318 haben wir ein Verzeichniss des Ertrages, welchen von dieser Steuer der damalige päpstliche Einnehmer Gabriel, Archipresbyter de sto. Archangelo in der Breslauer Diöcese erzielt hatte[2]). Allerdings scheint es, als ob nur in den seltensten Fällen die Zahlung der ganzen ursprünglichen geforderten Summe erreicht worden sei, der Einsammler hat augenscheinlich mit sich handeln, Milderungsgründe gelten und sich schliesslich in Folge einer compositio, wie es in der Urkunde heisst, mit einem vereinbarten Pauschquantum abfinden lassen, welches unter Umständen bis unter eine Mark hinabsteigt[3]). doch ist die Summe, welche hier so auf einmal nach Avignon oder eigentlich durch Vermittlung von Kaufleuten nach Flandern an Italiener, welche dort Comtore hielten, abgeliefert wurde, nicht unbedeutend[4]). Sie beträgt nach meiner Rechnung aus ganz Schlesien:

aus dem Archidiakonat Breslau . 399 $^1/_2$ Mrk.,

„ „ „ Glogau . 35 „

„ „ „ Oppeln . 133 „

„ „ „ Liegnitz 100 „

in Summa 567 $^1/_2$ Mrk., d. h. in

---

[1]) Schreiben des Papstes vom 22. Juni 1325: redditus et proventus primi anni omnium beneficiorum ecclesiasticorum, — que in regnis Polonie sicut in nonnullis aliis partibus tunc vacabant et usque ad triennium — de fratrum nostrorum consilio per nostras literas reservandas ducimus. (Theiner Monum. Poloniae I. 205.) Christophe I. s. Gesch. des Papstthums im XIV. Jhrh. übersetzt von Ritter II. 12 macht darauf aufmerksam, dass nicht, wie mehrere Kanonisten behauptet haben, Johann der Erfinder der Annaten gewesen sei, dass sie vielmehr schon sein Vorgänger Clemens erhoben und sich z. B. 1305 für 3 Jahre alle Beneficien Englands vorbehalten habe, dass aber auch dieser sie nicht erfunden, sondern nur zuerst zum Vortheil des päpstlichen Stubles verwendet habe.

[2]) Theiner S. 139. Hiernach wäre die Anführung bei Christophe u. a. O. u Walter Kirchenrecht. Aufl. 13, S. 443 zu berichtigen.

[3]) Ausser bei einigen höher besteuerten Breslauer Domherren sind die Posten meistens unter 10 Mark, ganz ausserordentlich hoch wird die Schweidnitzer Kirche besteuert, nämlich mit 65 Mark. Übrigens wird die Zahlung dieser Steuer noch in viel späterer Zeit, nämlich im Jahre 1373, allerdings aus der Diöcese Leslau erwähnt. Formelb. 127.

[4]) Eine sehr eingehende Darlegung dieser Geldgeschäfte in M. Neumann's Geschichte des Wechsels im Hansagebiete, Erlangen. 1863. Abschnitt II, S. 14—40.

runder Summe nach jetzigem Gelde [1]), ohne dabei den Geldwerth überhaupt in Rechnung zu bringen, etwa 5000 Thaler oder 7500 Floren. Jene Steuer war nun, wie wir schon sahen, ursprünglich nur als vorübergehend, als auf die Vacanzen von nur drei Jahren sich erstreckend bewilligt worden, doch wird sie ohne besondere Motivirung ruhig weiter erhoben, und zwar 1325 eben so wie 1318 auf weitere drei Jahre, und es scheint sogar 1325 eine Verschärfung des Erhebungsmodus eingetreten zu sein, indem der Papst in diesem Jahre seine Legaten mit neuen, sehr ausführlichen Instructionen versieht, welche er auch sämmtlichen Prälaten des Gnesener bischöflichen Sprengels mittheilt [2]), worin er z. B. alle früheren aus speciellen Statuten stammenden Verpflichtungen annullirt, so z. B. die sehr häufig zur Geltung gekommene Sitte, wonach der in ein Amt neu Eintretende die Hälfte der Einkünfte des ersten Jahres an die *Fabrica ecclesiae*, die Kirchbaucasse, abgeben musste, und wenn 1318 bei den verschiedenen *compositiones* von einer Ablieferung des vollständigen Jahresertrages auch nur entfernt annähernd wohl nirgends die Rede gewesen war, so nahm man jetzt die Sache strenger, indem man die zu dem Behufe des (gleich zu erwähnenden) sechsjährigen Zehntens von allen geistlichen Einkünften vorgenommene Abschätzung der Pfründen als Norm ansah, und wenn man gleich dabei das Belassen eines Antheils für den Beneficiaten, schon um ihn in den Stand zu setzen, die mit seiner Pfründe verbundenen Lasten zu tragen, als billig anerkannte, so beugte man doch dabei einer allzu niedrigen Schätzung des Ertrages durch ein sehr sinnreich erfundenes Mittel vor, indem man es ganz in das Belieben der päpstlichen Einnehmer stellte, ob sie entweder die angegebene Ertragssumme als Annate annehmen, oder aber es vorziehen wollten, gerade mit dieser den Beneficiaten abzufinden und, was darüber einkäme, für den päpstlichen Stuhl einzuziehen, so dass also z. B. Jemand, der seine hundert Mark tragende Pfründe nur mit 30 angegeben, sich in die Gefahr begeben hätte, dass die

---

[1]) Ich bin in der Reduction der Bestimmung Tagmann's in seiner gründlichen Abhandlung über das Münzwesen Schlesiens bis zum Anfange des XIV. Jahrhunderts (Zeitschrift des schles. Geschichtsvereines I. 86) gefolgt, welcher für den Werth der polnischen Mark beim Beginne des XIV. Jahrhunderts 9 Thlr. 13 Sgr. angibt, unter welchem Werth ich jedoch etwas heruntergehen zu müssen glaubte.
[2]) Theiner I, 220.

Legaten ihm die 30 Mark gelassen und den Rest von 70 für sich gewählt hätten.

Die Domkirchen, die regulirten Abteien (wenn gleich nicht in allen ihren Gütern) und diejenigen Pfründen, welche noch nicht 6 Mark jährlich einbrächten, sollten frei sein.
Eine zweite Steuer war der sogenannte **sechsjährige Zehnte**, welcher zum Besten des heiligen Landes die Zahlung von 10 Pct. aller geistlichen Einkünfte auf sechs Jahre in der ganzen Christenheit beanspruchte. Diesen Zehnten hatte schon das Concil von Vienne 1311 Papst Clemens V. bewilligt, und er war auch schon in einigen Ländern eingesammelt worden, doch war er in Polen noch mehr als 15 Jahre nach dem Concilium, wie Papst Johann XXII. sich ausdrückt, „*certis ex causis*" suspendirt geblieben, und erst 1328 wurden die beiden päpstlichen Legaten in Polen, Andreas de Verulis und Petrus de Alvernia, mit der Einsammlung dieses Zehntens in dem ganzen Gnesener erzbischöflichen Sprengel officiell beauftragt [1]), die polnischen Prälaten zur Unterstützung derselben angewiesen [2]), eben so ihnen freies Geleit in ganz Polen verschafft [3]) und zugleich das Recht gegeben, alle geistlichen Personen ohne Unterschied zu ihrer Unterstützung requiriren zu können [4]).

Die Legaten bestimmten zur bequemeren Einleitung der Geschäfte den Erzbischof von Gnesen auf den 19. Februar 1326 eine Synode aller polnischen Bischöfe nach Uncjow zu berufen, wo auch das damals unbesetzte Breslauer Bisthum durch Procuratoren vertreten war, und wo nun über die Erhebungsart jenes Zehntens das Nähere festgesetzt wurde. Die Periode von sechs Jahren, während welcher der Zehnte erhoben werden sollte, begann mit dem 22. Juni 1325, und die Zahlung sollte in halbjährigen Terminen erfolgen, als deren erster die Octave des heiligen Martin (16. November) 1362 festgesetzt wurde.

Der auf diese Weise ausfallende Zehnte des ersten Jahres jener sechsjährigen Reihe ward in der Weise wieder eingebracht, dass bei jedem der übrigen Termine ausser dem fälligen halben Zehnten des laufenden Jahres der Zehnte des Zehnten für das erste Jahr

---
[1]) Theiner I, 208.
[2]) Th. I, 209.
[3]) Th. I, 210.
[4]) Ebendaselbst.

nachgezahlt würde[1]). Die Summe des von dem Breslauer Klerus Eingenommenen ist uns nicht angegeben, aus dem Krakauer Sprengel kamen 1326 als Ertrag des ersten Jahres 1197 Mark ein[2]), und im Jahre 1335 konnte der päpstliche Legat an Restantengeldern aus der Breslauer Diöcese 1681 Mark abliefern oder, wenn wir hiervon eine Schuld des Bischofs mit 680 abziehen, 961 Mark[3]).

Die umfassendste dieser päpstlichen Steuern war der sogenannte Peterspfennig. Diese Steuer, welche nur in einigen Ländern, welche sich dem speciellen Schutze des heiligen Petrus empfohlen hatten (England, Skandinavien, Polen, Portugal), entrichtet ward, hatte ursprünglich überall den Charakter von freiwilligen Gaben getragen[4]), aber die Päpste hatten mit der Zeit an den meisten Orten[5]) daraus eine stehende Abgabe zu machen gewusst. Nachdem sie dies geworden war, konnte für sie keine der Stellung des Papstes entsprechendere Form gefunden werden, als die einer Kopfsteuer, welche von jedem menschlichen Haupte jährlich einen Denar verlangte. Es liegt augenscheinlich eine bewunderungswürdige Consequenz in dem Gedanken, dass das Oberhaupt der Christenheit, vor dem alle Gläubigen gleich erscheinen, sie auch ohne Berücksichtigung aller gesellschaftlichen Unterschiede vollständig gleichmässig besteuert. In der That sehen wir auch den Papst, der das Wesen seiner Würde am consequentesten zur Erscheinung zu bringen wusste, Gregor VII. bei seinem (allerdings vergeblichen) Versuche auch Frankreich zur Zahlung des Peterspfennig heranzuziehen, von jenem Principe der allgemeinen Kopfsteuer ausgehen *(ut unum denarium annuatim solvant B. Petro*[6]*)* und in England, so wie in Skandinavien konnte der Papst die Heerdsteuer[7]), unter deren Gestalt

---

[1]) Theiner I, 228 und 262. Man zahlte also in fünf Jahren, d. h. in zehn Terminen à $\frac{1}{20} + \frac{1}{100} = \frac{6}{100}$ zusammen $\frac{10}{20} = \frac{5}{10} + \frac{10}{100} = \frac{1}{10}$, also in Summa $\frac{6}{10}$, d. h. die Zehnten von sechs Jahren.

[2]) Ebendas. S. 262.

[3]) Das. S. 303 ff.

[4]) Wie Spittler überzeugend nachgewiesen hat: Von der ehemaligen Zinsbarkeit der nordischen Reiche an den päpstlichen Stuhl. Sps. gesammelte Werke ed. Wächter IX. S. 99—167.

[5]) In Dänemark z. B. war der ursprüngliche Charakter immer geblieben. Spittler. a. a. O. 105 ff.

[6]) Epistolae lib. VIII. 23.

[7]) Dass Walther (Kirchenrecht, Aufl. 13, S. 443) mit dieser seiner Auffassung gegenüber dem ganz strict von einer Gebäudesteuer sprechenden Richter (Kirchen-

hier der Peterspfennig auftritt, wesentlich als eine modificirte Kopfsteuer ansehen, als ein beschränkendes Zurückgehen vom Individuum auf die Familie.

Aber so logisch das Princip war, so war doch die Durchführung sehr schwierig, und wir haben in der That vor dem 14. Jahrhundert aus England und Skandinavien kein Zeugniss, dass jenes Princip geltend gemacht worden wäre. Vielmehr ward der Peterspfennig hier schon sehr früh zu einem jährlichen Tribut von bestimmter Höhe, den die Fürsten nach Rom entrichteten, und dessen Eintreibung ihnen ganz überlassen war; und in dieser Weise scheint der Peterspfennig auch in Polen, wo er zugleich mit der Einführung des Christenthums, also gegen Ende des 10. Jahrhunderts eingebürgert wurde [1]), gezahlt worden zu sein. Schon um's Jahr 1000 entschuldigt sich Boleslaus Chrobry, dass er den dem päpstlichen Stuhl verheissenen Zins wegen der Einfälle der Deutschen nicht zu zahlen im Stande sei [2]), es erscheint also schon hier der Fürst als Einsammler des Peterspfennigs und dieser selbst als ein jährlicher Tribut; eben so wird in dem päpstlichen Zinsbuche des Cencius aus dem Ende des 11. Jahrhunderts ein bestimmter jährlicher Tribut angegeben, und noch im 14. berufen sich die schlesischen Fürsten darauf, dass dies immer so gehalten worden sei [3]).

Natürlich stand die Umlage dieses Tributes ausschliesslich in der Hand des Fürsten, und dieser war sehr weit davon entfernt, jenen

---

recht Auß. 13, 8. 498) Recht hat, und dass der in den englischen Quellen vielfach erwähnte Ausdruck *domus* nur eben den Sitz einer Familie bedeute, erhellt deutlich daraus, dass es mit Beziehung auf Norwegen, wo übrigens den englischen durchaus ähnliche Einrichtungen bestanden, in dem ältesten päpstlichen Zinsbuche von Albinus (um das Jahr 1182) heisst: „*singuli lares in Norvegia dant unam monetam ejusdem terrae*", während acht Jahre später der römische Schatzmeister Cencius an derselben Stelle statt *lares domus* setzt. (Beide Anführungen bei Spittler: Von der ehemaligen Zinsbarkeit der nordischen Reiche an den päpstlichen Stuhl. Sp. sämmtliche Werke ed. Wächter IX. 138.)

[1]) Röpell: Gesch. Polens. S. 128, Anm. 45.
[2]) Thietmar von Merseburg VI. c. 56.
[3]) Muratori antiqu. Ital. V. 875. Wie gross übrigens die Summe des jährlichen aus Polen nach Rom abgeführten Geldes gewesen, ist ungewiss. Das erwähnte Zinsbuch sagt zwar a. a. O.: Wladislaw dux Poloniae debet singulis trienniis 4000 Marcas auri ad pondus Poloniae (bei Muratori Antiqu. Ital. V. 875). Doch erklärt dies Hurter (Innocenz III. Th. IV. 135) für einen Schreibfehler und will nur 4 Mark lesen; ob nun Tomassin, ancienne et nouvelle discipline III. 275, welcher 100 Mark angibt, die richtige Mitte getroffen, muss dahingestellt bleiben.

demokratischen Modus der individuellen Besteuerung anzuwenden, der gegenüber der grossen Menge des ländlichen Proletariats auch kaum ausführbar gewesen wäre, sondern er besteuerte einfach das Grundeigenthum. Als nun 1163 durch den Einfluss Kaisers Friedrich I. Schlesien von Polen losgerissen eigene Fürsten erhielt, scheint es, dass die römische Curie sich bemühte, mit den einzelnen Fürsten besondere Verträge über einen von denselben zu entrichtenden jährlichen Tribut abzuschliessen etwa in der Form, wie uns ein solcher aus dem Jahre 1217 zwischen Papst Honorius III. und dem Herzog von Kalisch erhalten ist, in welchem sich der letztere verpflichtet zum Zeichen dafür, dass er sich unter den Schutz des heil. Petrus gestellt, alle drei Jahre 10 Mark Goldes zu zahlen [1]).

Es liegt sehr nahe aus dem, was wir bisher über den Peterspfennig gesagt haben, zu schliessen, dass jene von uns vorangestellte Auffassung desselben als einer allgemeinen Kopfsteuer doch wohl erst in der Zeit, wo man mit derselben nachweislich officiell hervortrat, d. h. am Anfange des 14. Jahrhunderts überhaupt entstanden sei. Aber dem ist nicht so, und wenn man selbst jene angeführte Stelle des Briefes Gregor's VII. anders, als wir es gethan, zu deuten versuchen wollte, so zeigt doch gerade in Bezug auf Polen eine Stelle aus des posenschen Bischofs Boguphal Chronik, der um die Mitte des 13. Jahrhunderts schrieb, dass in den Kreisen der polnischen Geistlichkeit jenes Princip der Kopfsteuer noch in der Erinnerung lebte. Es wird nämlich bei Erzählung der Sage von Kasimir, dem Mönche, berichtet, derselbe habe seinen Austritt aus dem Kloster um deswillen von dem Papste bewilligt erhalten, dass er in seinem Reiche den Peterspfennig *de quolibet capite* zu zahlen gelobt habe [2]). Freilich zeigt diese Stelle eben nur, dass man in jener Zeit von dem Peterspfennig als einer Kopfsteuer wusste, in

---

[1]) Ad judicium hujusmodi a nobis percepte protectionis censum 10 marcharum auri, quae de tertio in tertium annum te promisisti liberaliter soluturum, etc. Theiner I, 2.
[2]) Boguphal bei Sommersberg II, 26. Doch darf hier nicht verschwiegen werden, dass die Möglichkeit, die ganze Stelle sei bei Boguphal ein späterer Zusatz, nicht ausgeschlossen erscheint. Wir besitzen von seinem Werke weder das Original, noch auch nur eine Abschrift, die noch aus dem 13. Jahrhundert stammte, der Abdruck bei Sommersberg ist nach einem dem 15. Jahrhunderte angehörenden Codex veranstaltet. Es wäre interessant, wenigstens zu wissen, ob jene Stelle sich in den beiden Petersburger Codices des B., welche für die ältesten angesehen werden und dem

der Sache selbst ist die Erzählung von der Einführung des Peterspfennigs durch Kasimir¹) so wenig wahr, als dass dieser Fürst überhaupt im Kloster gewesen sei.

Im Laufe des 13. Jahrhunderts scheinen überhaupt die Zahlungen sehr in Verfall gekommen zu sein, zwar mahnt 1248 der päpstliche Legat Jakob von Lüttich (später Papst Urban IV.) auf der Breslauer Synode dringend an ihn ²) und nicht minder 1253 Innocenz IV. ³), doch die schlesischen Fürsten waren selbst ewig in Geldnoth, lagen dabei fast unaufhörlich in Streit mit den Bischöfen, und was das Schlimmste war, die in dieser Zeit sich mehr und mehr hier ansiedelnden Deutschen, jenes Zinses in ihrer Heimat vollständig ungewohnt, weigerten sich beharrlich ihn zu zahlen⁴). So versuchte man es denn damals zuerst das bisher von den Fürsten als Tribut erhobene Geld nun direct von den Unterthanen einzutreiben. Schon 1248 in der erwähnten Breslauer Synode traten die Bischöfe als Sammler auf, doch scheint die Sache damals noch nicht recht in Fluss gekommen zu sein ⁵), energischer nahm sie aber dann Martin IV. 1284 auf, ernannte in der Person des Johann Moskata, Archidiakon von Lenczyc (später Bischof von Krakau), einen Generalbevollmächtigten zur Einsammlung des Peterspfennigs in ganz Polen und Pommern und forderte zugleich die Bischöfe und die Landesfürsten auf, diesen auf jede Weise in der Ausübung seines Amtes zu unterstützen; in welcher Weise, nach welchem Principe nun die Päpste, nachdem sie einmal die Sache selbst in die Hand genommen, jene Steuer ein-

---

14. Jahrhunderte angehören, vorfindet. Die gleichfalls dem 13. Jahrhundert angehörende Vita Stanislai (in der Ausgabe des Marl. Gallus von Bandtke c. X) erwähnt wohl die Stiftung des Peterspfennigs durch den aus dem Kloster ausgetretenen Kasimir, aber nicht den Modus der Eintreibung. Bei Vincenz (Kadlubek) von Krakau, der dem B. häufig als Quelle gedient, ist nur eine kurze Anspielung auf Kasimir's Aufenthalt im Kloster zu finden.

¹) Wir sahen schon oben, dass derselbe ein halbes Jahrhundert vor Kasimir erwähnt wird.

²) Hube, antiquissimae constitutiones synodales prov. Gneznens . . Petersburg 1856. S. 48.

³) Raynald z. d. J.; — Röpell, Gesch. Polens 128, Anm. 45.

⁴) Theotonici — licet terras et possessiones excolunt, quarum ratione consuevit solvi denarius b. Petri, censum ipsum solvere indebite contradicunt. Martin IV. an die Herzöge von Oppeln 1285. Theiner I. 93.

⁵) 1283 klagt Martin IV.: denarius b. Petri elapsis jam annis quam pluribus non fuerit ipsi ecclesie, sicut accepimus, persolutus. Theiner I, 93.

getrieben haben, dies mit Sicherheit festzustellen, ist schwierig; zwar liegt uns die päpstliche Instruction an Johannes Moskata von 1285 vor, aber hier eben so wie vorher 1248 ist blos einfach von der Verpflichtung, den Peterspfennig einzusammeln, wie von etwas ganz Bekanntem die Rede. Dagegen macht es eine Stelle in der *Chronica Polonorum* [1]), welche am Ende des 13. oder Anfang des 14. Jahrhunderts geschrieben wurde, wahrscheinlich, dass man die in England übliche Form des Peterspfennigs als Hausstand-, oder Familiensteuer, welche man, wie schon erwähnt, als eine modificirte Kopfsteuer ansehen konnte, zum Princip erhoben habe. An eine consequente Durchführung desselben ist freilich nicht zu denken, die Proletarierfamilien haben schwerlich herangezogen werden können, sondern dieselbe mag vorzugsweise von den Grundbesitzern erhoben worden sein, so dass sie factisch zu einer Reallast wurde, wie sie auch ein Brief des Papstes Martin IV. v. J. 1285 anzusehen scheint, in welchem derselbe sich über die Deutschen beklagt, welche die Zahlung des Peterspfennigs verweigern „*licet terras et possessiones excolant, quarum ratione consuevit solvi denarius b. Petri*".

Es kann nicht geleugnet werden, dass in diese jedenfalls schwankenden Verhältnisse ein consequentes, logisches Princip hinein kam, als 1318 Papst Johann XXII. alles Ernstes darauf drang, dass ihm der Peterspfennig wirklich als Kopfsteuer, *de quolibet humano capite* ein Denar, gezahlt werden solle, ja dass sogar die Steuer für die Zeit, wo ihre Zahlung ausgefallen wäre, nachgezahlt werden sollte. Als ihm allgemeiner Widerspruch entgegentrat, wurde Bischof Heinrich von Breslau noch in seinem letzten Lebensjahre gezwungen, über die Widerspenstigen, darunter vor allen die Stadt Breslau, das Interdict zu verhängen [2]).

Johann hat nun zwar sich schwerlich darüber getäuscht, dass eine wirkliche Ausführung dieser Forderung unmöglich sich bewerk-

---

[1]) Bei Stenzel Scptt. rer. Sil. I. 10. Hier wird die schon erwähnte Sage von der Einführung des Peterspfennigs durch Kasimir den Mönch so dargestellt, dass Kasimir damals gelobt habe, seine Unterthanen sollten *de singulis familiis unum denarium cum impressione capitis St. Joannis vel 2 mensuras avene Sto. Petro Rome pro lumine* geben. Es ist nun durchaus wahrscheinlich, dass hier blos für ein noch zur Zeit des Chronisten geltendes Princip eine Begründung aus uralter Zeit gesucht werden sollte.

[2]) Vergl. die Zusammenstellungen Wattenbach's Cod. dipl. Sil. V. 77. Anm. 1.

stelligen lasse; doch hatte er allen Grund zu hoffen, dass seine hohe Forderung, die dabei doch logisch und mit einem Schein des Rechts ausgestattet war, wenigstens die Folge haben würde, dass die schlesischen Fürsten und Städte um Schlimmerem zu entgehen, nun doch mit der Zahlung Ernst machten und sich zu annehmbaren Abfindungen bereit finden liessen. Mit besonderer Energie ward die Sache dann 1325 in Angriff genommen, wo zwei päpstliche Sammler, Andreas von Veroli und Peter von Auvergne, mit den ausgedehntesten Vollmachten und dabei mit den für ein solches Amt nothwendigen persönlichen Eigenschaften, Energie und Unerschrockenheit, ausgestattet hier erschienen.

Wir werden auf die Entwickelung dieser Verhältnisse noch zurückzukommen Veranlassung haben und bei dieser Gelegenheit auch uns überzeugen, dass die mannigfaltigen Besteuerungsformen des schlesischen Klerus durch den Papst keineswegs mit den hier besprochenen erschöpft sind, doch zunächst müssen wir unsere Betrachtung auf die merkwürdige Thatsache lenken, dass bei den hier geschilderten Verhältnissen durchweg übereinstimmend das Jahr 1325 einen Wendepunct bildet, wo dann der Papst auf allen Puncten mit besonderer erhöhter Energie vorschreitet. Den Grund hiefür haben wir augenscheinlich in der gerade damals entschiedener genommenen allgemeinen politischen Stellung des Papstes und seiner festen geschlossenen Bundesgenossenschaft mit Polen zu suchen. Wir werden auch hier nicht umhin können, einen kurzen Blick auf die frühere Zeit zu werfen.

Die im 13. Jahrhundert beginnende Germanisation Schlesiens war ja eigentlich durch die Heranziehung deutscher Mönche in neu gestiftete Klöster wesentlich begründet worden, es war also natürlich, dass hier der Klerus selbst sehr schnell germanisirt wurde, die Bischöfe, wenn gleich einige derselben Polen gewesen sein mögen [1])

---

[1]) Die Nachrichten über die Abkunft der verschiedenen Bischöfe stammen fast alle aus Dlugosz Chron. episc. (ed. Lipf. 1847), und bei seiner unzuverlässigen und dabei tendenziösen Art hege ich grossen Zweifel, ob man sie immer für wahr halten darf, die ganze kleine Schrift scheint darauf berechnet, seinem Gösner Bischof Rudolf, einem Rheinländer, klar zu machen, dass die schlesische Kirche, welche durch Bischöfe, die er fast ohne Ausnahme aus polnischen Adelsgeschlechtern stammen lässt, erst zu Reichthum und Ansehen gekommen sei, den schnödesten Undank begehen würde, wenn sie Massregeln, wie die durch den von ihm deshalb mit den

und wenn gleich auch sie wie in der Zehntenangelegenheit mit den Deutschen in Conflicte geriethen, scheinen doch die Ansiedlung von Deutschen eher begünstigt als gehindert zu haben, und bewirkten selbst auf den dem Bischof als Landesherrn unterthänigen Gütern deutsche Ansiedlungen, wozu allerdings schon der klar zu Tage liegende finanzielle Vortheil anlockte. Dass die nach deutschem Rechte neu gegründeten Dörfer nur deutsche Pfarrer brauchen konnten, verstand sich von selbst, aber auch in die höheren geistlichen Stellen, die Pfründen der Domgeistlichkeit und der angesehenen Collegiatstifte, fanden die Mitglieder des schon im 13. Jahrhundert um die Fürsten versammelten deutschen Adels, so wie Patricier aus den grösseren Städten schnell Eintritt, ohne dass wir eine Andeutung principiellen Widerstandes dagegen nachzuweisen vermöchten.

Die meisten Slaven scheinen noch in den vorzugsweise aus den unteren Volksclassen gebildeten Minoritenklöstern gewesen zu sein, doch auch hier hatte sich schon im 13. Jahrhundert eine Reaction vollzogen, indem damals von den zwölf schlesischen Minoritenklöstern acht von der polnischen Provinz zur sächsischen übertraten [1]).

Dagegen sah man das Vordringen des deutschen Elementes, welches ja im 13. Jahrhundert ausser Breslau auch schon andere Theile des Gnesener Sprengels ergriffen hatte, wie das Krakauer und Kulmer Gebiet, in der rein polnischen Metropole selbst mit sehr ungünstigen Augen an, und schon um die Mitte des 13. Jahrhunderts finden wir auf einer von Gnesen aus veranstalteten Synode die wichtige Bestimmung getroffen, dass in der ganzen polnischen Diöcese als Leiter der höheren Schulen nur Männer angestellt werden sollten, welche der polnischen Sprache so weit mächtig wären, um die lateinischen Autoren in's Polnische übersetzen lassen zu können [2]), und gegen Ende dieses Jahrhunderts wiederholte der Erzbischof von Gnesen Jakob diese Bestimmung unter Hinzufügung

---

denkbar schwärzesten Farben geschilderten Bischof Konrad angeordnete Ausschliessung von Polen von den geistlichen Würden einführte. Von Bischof Nanker, den er, weil derselbe im polnischen Interesse thätig war, mit Absicht zum Schlesier macht, werden wir das Unrichtige dieser Behauptung direct nachweisen können.

[1]) Stenzel. Bisthums-Urk. Einl. LXV.
[2]) Hube a. a. O. S. 13. Die Synode *incerti anni et loci* wird von dem Herausgeber in die Zeit zwischen 1344 und 1348 gesetzt.

der noch viel weitergehenden Forderung, dass überhaupt Fremde zu einem Kirchenamt, mit dem Seelsorge verbunden sei, nicht zugelassen werden dürften [1]). Ob und in wieweit sich hierbei auch päpstlicher Einfluss geltend gemacht, vermögen wir nicht mehr nachzuweisen, aber natürlich war es, dass von dem Augenblicke an, wo es sich herausstellte, dass die in Polen eingewanderten Deutschen der Zahlung des Peterspfennigs hartnäckigen Widerstand entgegen setzten, die Päpste in ihnen Feinde erblicken mussten, und ganz besonders bedenklich mussten die im 13. Jahrhundert mehrfach wiederholten Versuche schlesischer Fürsten erscheinen, dieses Land ganz dem deutschen Reiche einzuverleiben [2]), mit deren Durchführung der Peterspfennig von selbst weggefallen wäre. Und wenn nun das Polenreich auf nationaler Grundlage neu gekräftigt sich die Bekämpfung des deutschen Elements als Ziel setzte und dann auch eine Wiedererwerbung Schlesiens in Aussicht nahm, so konnte solchem Plane die Bundesgenossenschaft des päpstlichen Stuhles nicht fehlen. Aber gegen das Ende des 13. Jahrhunderts waren die wirklichen Machtverhältnisse solchen Bestrebungen durchaus ungünstig, der Anfall Polens an Böhmen liess an Derartiges nicht denken, und selbst als 1306 nach der Ermordung des letzten Przemysliden, Wenzel's III., die Herrschaft Polens in die Hände Wladislaw Lokietek's kam, welcher mehr als irgend ein anderer das Programm der altpolnischen Partei zur Geltung brachte, war die Überzeugung von der Gemeinsamkeit jener Interessen noch nicht so weit lebendig, dass dem gegenüber die Reibungen zwischen geistlicher und weltlicher Gewalt, wie sie ganz besonders die Gewaltthätigkeit und Habgier der Fürsten aller Orten hervorzurufen pflegten, zum Schweigen gekommen wären. Konnte es doch kommen, dass Wladislaw zu derselben Zeit mit der deutschen Bürgerschaft in Krakau und mit dem dortigen Bischofe in lebhaften Streit gerieth und den letzteren aus dem Lande jagte, obwohl diesem, dem uns schon bekannten Johann Moskata, gerade sein, besonders bei der Einsammlung des Peterspfennigs an den Tag gelegter Eifer für die päpstlichen Interessen erst den Bischofsstuhl in Krakau verschafft hatte.

---

[1]) De non recipiendis alienigenis in Provincia Poloniae ad beneficia ecclesiarum curam animarum habentium, Hube, 200.
[2]) Vergl. hierüber Grünhagen: Breslau unter den Piasten. S. 51, 52.

Er blieb wirklich bis an seinen Tod (1320) in Schlesien in der Verbannung durch seinen Breslauer Amtsbruder wenigstens vor Mangel geschützt [1]).

Allmählich indess vermochten doch die wirklichen Interessen zur Geltung zu kommen, namentlich seitdem 1316 ein Mann von solcher Energie und solchem Scharfblick wie Johann XXII. den päpstlichen Stuhl bestiegen hatte. Zwar tritt auch dieser zunächst vorsichtig auf, weil er bei seinem Streite mit König Ludwig von Baiern es mit dem Nebenbuhler Wladislaw's um die Krone Polens, König Johann, nicht gern ganz verderben wollte, und noch 1319 in einem an die Geistlichkeit und den Adel Polens gerichteten Schreiben hält er den Standpunct eines Schiedsrichters, der seinen Spruch noch nicht abgeben könne, aufrecht [2]), allerdings in einer dem polnischen Fürsten, dem er seine Zuneigung ausserdem in manchen anderen Angelegenheiten hinreichend gezeigt hatte, höchst wohlgesinnten Form. Es wird Niemand zweifeln, dass, als dann Wladislaw den 20. Juni 1320 sich feierlich zum König krönen liess, er dies im vollsten Einverständnisse mit dem Papste that, und nachdem er diesem die bündigsten Versicherungen in Betreff des Peterspfennigs, der der Forderung Johann's entsprechend in ganz Polen kopfweise erhoben werden sollte, gegeben hatte [3]). Zu derselben Zeit gab auch der Tod Johannes Moskata's Gelegenheit, den bischöflichen Stuhl zu Krakau mit einem eifrigen Polen, Namens Nanker, zu besetzen. Für Papst Johann verwickelten sich damals die Verhältnisse so, dass ihm die Bundesgenossenschaft mit dem mehr und mehr erstarkenden Slavenreiche wohl willkommen sein konnte. Sein Gegner im Reiche, Kaiser Ludwig, des Gegenkönigs Herr geworden, trotzte ihm kühn, und der Böhmenkönig war auf dessen Seite getreten. 1324 sprach nun Johann über Ludwig den Bann aus und das Interdict über seine Länder, und diesem mit geistlichen Waffen geführten Kampfe sollte sich nach dem Willen des Papstes noch ein weiterer Angriff zugesellen, den Wladislaw

---

[1]) Vergl. Cod. dipl. Sil. V. 220, Wagner Annal. Scepus. III. 28 und die Urkunde von 1325 bei Fejer, Cod. dipl. Ungar. VIII. 2. 638, welche Quellen dem Fortsetzer der polnischen Geschichte, Herrn Caro entgangen zu sein scheinen.

[2]) Theiner I, 146.

[3]) Chron. aulae regiae bei Dobner Monum. V. 379 und die Lübecker Annalen Mon. Germ. Sept. XVI. 425.

hier auf weiter Linie von Osten her ausführen sollte, auch hier nach Kräften unterstützt durch den Einfluss des Papstes. Diesem Letzteren wäre es freilich ganz besonders erwünscht gewesen, wenn Wladislaw das Land, welches kurz vorher an den Sohn des verhassten Gegners gekommen war, die Mark Brandenburg durch einen kräftig unternommenen Einfall bekriegt hätte, und als Wladislaw zu diesem Zwecke (18. Juni 1325) ein Bündniss mit den Herzogen von Pommern abschloss, ermunterte der Papst dieselben, ebenso wie den Herzog von Glogau, zu energischem Auftreten [1]), rief auch direct die Brandenburger gegen Markgraf Ludwig auf[2]). 1326 drang wirklich ein polnisch-litthauisches Heer unter entsetzlichen Verwüstungen in die Mark ein [3]).

Aber nicht minder nahmen die schlesischen Verhältnisse die Aufmerksamkeit der Verbündeten in Anspruch. Hier hatten die vor Allem durch die ruhelose Gewaltsamkeit des unverbesserlichen Boleslav von Liegnitz immer von Neuem angefachten Fehden zwischen den zahlreichen kleinen Fürsten einen Zustand herbeigeführt, der mehr und mehr unerträglich ward und schliesslich die Anlehnung an einen grösseren Staat zur unabweislichen Nothwendigkeit machte.

Die Wage konnte nur zwischen Polen und Böhmen schwanken, und dass die Entscheidung nicht für das Letztere fiel, lag ebenso im Interesse Polens, welches dann die noch immer genährte Hoffnung auf eine einstmalige Wiedererwerbung Schlesiens aufgeben konnte, als in dem des Papstes, welcher in dem Anschluss Schlesiens an Böhmen nicht nur die Vergrösserung einer ihm feindlich gesinnten Macht, sondern auch einen Sieg des deutschen Elementes und damit eine wesentliche Gefahr für den Peterspfennig sehen musste. Zu wiederholten Malen (1323 und 1326) drangen die polnischen Kriegsheere verwüstend in Schlesien ein, doch sie mochten grossen Schrecken verbreiten und sogar den Breslauern eine bedeutende Geldsumme abpressen[4]), aber es hätte sehr schlimm kommen müssen, hätten sie die Wirkung haben sollen, die Hauptstadt des Landes und ihre deutsche Bürgerschaft zur Unterwerfung unter den

---

[1]) Theiner I, 218.
[2]) Raynald z. J. 1325 XV.
[3]) Caro, Geschichte Polens 117
[4]) Cod. dipl. Sil. III 49.

anerkannten Feind der Deutschen zu bewegen. Papst Johann seinerseits liess es an wirksamer Unterstützung nicht fehlen, und wir müssen eingestehen, dass er mit grosser Energie vorging. In allen den zahlreichen officiellen Actenstücken wird Schlesien, wie es kirchlich zur polnischen Kirchenprovinz gehörte, so auch politisch als zum polnischen Reiche gehörig bezeichnet, und als zwischen Wladislaw und seinem schlesischen Bundesgenossen Herzog Boleslaw eine Spannung eingetreten war, bemühte sich der Papst, auf diesen letzteren einen mächtigen und, wie es scheint, nicht erfolglosen Druck dadurch auszuüben, dass er zwei Executoren ernannte, welche Boleslaw zur Herausgabe des Herzogthums Liegnitz an seinen Bruder Wladislaw (der in den Priesterstand getreten war) anhalten sollten [1]).

Nicht minder waren auch die päpstlichen Gesandten, welche in jener Zeit dauernd ihren Wohnsitz in Breslau aufschlugen, unzweifelhaft eifrig für die polnischen Interessen thätig, ja der Papst thut sogar eine Reihe von Schritten, welche als directe Feindseligkeiten gegen das deutsche Element in Schlesien im Priester- wie im Laienstande gerichtet, angesehen werden mussten.

Es war eine nicht zu verkennende Demonstration, als der päpstliche Legat auf der von ihm am 19. Februar 1326 veranstalteten Synode jenes schon erwähnte Edict des Erzbischofs Jakob, welches die alienigenae. d. h. zunächst die Deutschen von der geistlichen Seelsorge und Jeden, der nicht polnisch verstände, von der Leitung einer Schule ausschloss, verschärfend erneuerte [2]). In demselben Sinne hatte es sich der Papst selbst von Anfang an angelegen sein lassen, in die erledigten höheren Pfründen der Breslauer Diöcese nur Polen zu bringen [3]), wobei er etwaigen Wünschen des Königs

---

[1]) 1325, Aug. 13. Theiner I, 218. Diese Thatsache dürfte meiner, die damaligen politischen Verhältnisse Schlesiens eingehender schildernden Darstellung (Breslau unter den Piasten, S. 56 und 58), sowie der Caro's a. a. O., S. 119 und 120, welcher der meinigen gefolgt zu sein scheint, hinzuzufügen sein. Mit ihr in chronologischer Hinsicht die Anführung der Urk. von 1323, Juni 18 bei Schöttgen und Kreyssig III. 31 in Einklang zu bringen, ist hier nicht der Ort.

[2]) Hube a. a. O. 200.

[3]) Unter den Provisionen und Collationen, welche bei Theiner urkundlich verzeichnet stehen (wo natürlich nur von den höheren kirchlichen Würden, den Canonicaten der Domkirche und den Prälaturen der Collegiatstifte die Rede ist) und deren ich von 1319—1326 10 auffinde, bemerkt man fast nur Polen, meistens aus den eigentlichen

von Polen um so lieber entgegenkam, als dessen Interessen ja mit den seinigen zusammenfielen, so dass das Breslauer Capitel es sich allenfalls ausrechnen konnte, binnen welcher Zeit eine so fortgesetzte Praxis ihr Collegium vollständig polonisirt haben würde. Freilich wurden auch diese Gunstbezeugungen nicht umsonst ertheilt[1]); doch um die Auserwählten in einen recht zahlungsfähigen Zustand zu setzen, wurden ihnen ausnahmsweise die unerhörtesten Cumulationen von Benefizien gestattet[2]).

Sogar die vielfachen Ketzereien, deren Bekämpfung man sich schon seit Anfang des Jahrhunderts hatte angelegen sein lassen, und welche sogar 1315 in Schweidnitz und Breslau zu Autodafés Veranlassung gegeben hatten[3]), wurden jetzt vom Papste den Deutschen und Böhmen in die Schuhe geschoben[4]).

Wenn nun ausserdem die päpstlichen Gesandten in Breslau ihren Wohnsitz aufschlugen und hier mit besonderer Härte nicht nur den Peterspfennig in der ungewohnten Form der Kopfsteuer, sondern auch jene anderen oben geschilderten, zum Theil unerhörten Steuern eintrieben, so konnten die Schlesier wohl merken, dass der Zorn des heiligen Vaters besonders schwer auf ihnen laste, und die Legaten werden es an Andeutungen nicht haben fehlen lassen, durch welche Mittel man denselben besänftigen könne. Ein besonderer Schlag ward aber noch gegen das Capitel und das eigentliche Haupt desselben und der deutschen Partei des schlesischen Klerus, den Domherrn Nicolaus von Banz, geführt, indem die Legaten 1325 instruirt wurden, von demselben sowie seinem Collegen Heinrich von Drogus, in deren Händen vorzugsweise die

---

polnischen Diöcesen herübergenommen, bei zweien, wo der Name deutsch lat, Gregor de Hebel und Henr. de Löwenberg lässt der Zusatz, die Collation sei „ex considerations regis Wladislai" erfolgt, über die Gesinnung keinen Zweifel.

[1]) Bis zu 50 Goldgulden ward in jener Zeit zu Avignon für einen solchen Gnadenbrief gezahlt. Alvarez Pelag., de planctu eccles. II. 7 bei Christophe, Geschichte des Papstthums II. 14, Anm. 2.

[2]) Um nur ein Beispiel von den vielen, welche Theiner darbietet, herauszugreifen, möge angeführt werden, dass I. J. 1324 Bogufal von Covale die Scholasterie in Breslau erhält non obstantibus statutis etc. und ohngeachtet dessen, dass er schon Canonicate und Pfründen in der Leslauer, Breslauer, Krakauer, Posener und Kruswitzer Diöcese besitzt, dafür soll er aber die Pfarrkirche in Chlewik jetzt aufgeben. Theiner I, 185.

[3]) Wattenbach's Monum. Lubensia S. 10.

[4]) Theiner I, 297.

Administration des Bisthums gelegen[1]), nicht nur in der Zeit der Sedisvacanz seit Bischof Heinrich's Tode (1319), sondern auch schon früher in der Zeit, wo der letztere suspendirt gewesen war, Rechenschaft zu verlangen für die in jenen Zeiten eingenommenen bischöflichen Einkünfte, ja sogar deren Ablieferung an die päpstliche Kammer durchzusetzen[2]), eine Forderung, welche nicht weniger auf eine neue Gelderpressung, als auf die Discreditirung der beiden bei der polnischen Partei besonders verhassten Männer hinauslief.

Alle diese vom Papst angeordneten Mittel hatten nun zwar in der Hauptsache, was die Festhaltung der Schlesier an Polen und die Verhinderung des Anschlusses an Böhmen betraf, nicht mehr Erfolg als die Kriegszüge König Wladislaw's, aber den schlesischen Klerus trafen sie nichts destoweniger sehr hart; man wird zugestehen müssen, dass sich kaum jemals ein Domcapitel in so peinlicher schwieriger Lage befunden hat, als das Breslauer solchen Verhältnissen gegenüber, und die Geschichte darf demselben und besonders dem Manne, der fast 30 Jahre hindurch dessen eigentlicher Leiter gewesen ist, eben jenem Nicolaus von Banz wegen der ungemein klugen und massvollen Art, wie er in so übler Lage sich durchgeholfen, die vollste Anerkennung nicht versagen.

Die Gegensätze zwischen polnisch und deutsch mit ihren unvermeidlichen Consequenzen hatten schon zu Bischof Heinrich's Zeit sich auch im Schosse der Domgeistlichkeit geltend gemacht, aber zu besonders lebhaftem Ausbruch kamen sie erst, als nach dessen Tode 1319, Sept. 23., nachdem die deutsche Majorität den bisherigen Cantor Veit zum Bischof gewählt und auch dessen Consecration von dem Erzbischof von Gnesen durchgesetzt hatte, die polnische Minorität zu Gunsten ihres Candidaten, des Glogauer Archidiakon Lutold, des päpstlichen Schutzes gewiss, die Wahl anfocht und nun beide Candidaten nach Avignon citirt wurden, wo dann die Sache, natürlich nicht ohne bedeutenden Geldaufwand, mit Absicht lange hingezogen wurde, bis man endlich den schon hoch bejahrten Veit eben so, wie dessen Gegner Lutold zur Resignation

---

[1]) In ihren Händen scheinen vorzugsweise die Temporalien gelegen zu haben, als Administratoren in spiritualibus erscheinen der Probst Heinr. v. Baruth und Arn. v. Protzan.
[2]) Theiner I, 206.

bewog und so freie Hand in Betreff der Besetzung erhielt ¹). Die verwaiste Breslauer Kirche und das sie jetzt leitende Domcapitel kam in eine um so schlimmere Lage, als gerade um die Zeit von Bischof Heinrich's Tode das schroffe Auftreten der päpstlichen Legaten in Betreff des Peterspfennigs und dessen Erhebung nach Köpfen einen lebhaften Conflict mit den schlesischen Fürsten und der Stadt Breslau und in Folge dessen das Interdict hervorgerufen hatte.

Nichts war natürlicher als dass, nachdem es klar geworden war, die Gunst des heiligen Vaters sich wesentlich der polnischen Partei des Klerus zuwende und eben so der Einfluss des mächtigen polnischen Königs und des Metropoliten demselben zur Seite stehe, auch die deutsche Majorität sich nach dem Rückhalte einer politischen Macht umsah, und ich zweifle keinen Augenblick, dass auch in diesen Kreisen der Gedanke eines Anschlusses an Böhmen lebhaft in's Auge gefasst, ja geradezu ersehnt wurde. Doch beim Tode Bischofs Heinrich lag diese Möglichkeit noch fern, und man musste sich mit möglichst engem Anschluss an die schlesischen Fürsten und die Stadt Breslau begnügen. Freilich war dies misslich genug, da ein grosser Theil der Fürsten in ihrer rohen Gewaltsamkeit die Erhaltung eines guten Einvernehmens mit ihnen der Geistlichkeit sehr erschwerte. Bei weitem die zuverlässigsten dieser natürlichen Bundesgenossen waren die Breslauer mit ihrem guten Herzog Heinrich VI., der selbst vollständig in den Händen des Breslauer Patriciats war, welches das Herzogthum eben so gut wie die Stadt beherrschte, und nicht minder treten Angehörige derselben Familien auch in dem Domcapitel auf, so dass zu jenen politischen Rücksichten sich auch noch verwandtschaftliche Bande gesellen, wie denn der vielgenannte Domherr Nicolaus von Banz uns von einer wenig späteren Quelle ausdrücklich als Minister des Herzogs bezeichnet wird ²). Freilich war selbst in diesen Beziehungen zu den Breslauern die grösste Behutsamkeit und Vorsicht geboten; man musste doch zwischen der herrschenden Aristokratie und der grossen Masse

---

¹) Theiner I, 292. Ganz Ähnliches scheint sich um dieselbe Zeit in Lebus zugetragen zu haben, vgl. Wattenbach's Zusammenstellung der hierauf bezüglichen Anführungen. Anm. 1 zu p. 116 des Cod. dipl. Sil. V.
²) De consilio ducis. Chron. princ. Pol. Stenzel Sept. rer. Sil. I. 129.

der Bürgerschaft unterscheiden, welche letztere trotzig und selbstbewusst für die Domgeistlichkeit wenig Sympathien hatte, und welche sich begreiflicher Weise durch jene Rücksichten der Staatsklugkeit nicht im Entferntesten von Reibungen und Provocationen mancherlei Art zurückhalten liess. Doch einerseits vermochte gerade in den zwanziger Jahren die Breslauer Aristokratie die Zügel etwas fester anzuziehen [1]), andererseits liess es auch die Geistlichkeit nicht an Bemühungen fehlen, um einem ernsthaften Conflicte mit der befreundeten Stadt aus dem Wege zu gehen. Charakteristisch ist hiefür die Praxis, welche die Administratoren in der Zeit von Bischof Heinrich's Abwesenheit (1311) bezüglich eines über Breslau verhängten Interdicts beobachteten, indem sie nämlich dasselbe allein auf diejenige städtische Parochie, in welcher der Frevel begangen war, der Ursache des Interdicts geworden, beschränkten [2]).

Beim Tode Bischof Heinrich's waren nun alle diese Verhältnisse auf's Schlimmste getrübt, die Fürsten und Städte Schlesiens in höchster Aufregung wegen der unerhörten Forderung des Peterspfennigs als Kopfsteuer, fast ganz Schlesien im Interdict, das Capitel selbst wegen der missliebigen Wahl beim Papste in Ungnade. Aber die deutsche Majorität, den klugen Nicolaus von Banz an der Spitze, verlor nicht den Muth und suchte vor Allem die gespannten Verhältnisse in den Weg friedlicher Transactionen zu bringen. Während die Protestationen der Schlesier durch einen Gesandten in Avignon vorgebracht wurden [3]), gelang es daneben doch, die Breslauer und auch andere schlesische Fürsten, zunächst wenigstens zur Zahlung einer bestimmten Summe zu vermögen [4]).

Daneben aber wenden sich die Domherren an den Erzbischof von Gnesen und beschwören denselben unter beweglicher Schilderung ihrer verzweiflungsvollen Lage, da nun einmal die schlesischen Fürsten von der Zahlung des Peterspfennigs als Kopfsteuer nichts hören wollten, und das Capitel selbst durch deren Zorn in die

---

[1]) Vgl. Grünhagen, Breslau unter den Piasten, S. 42 ff.
[2]) Das Capitel hatte dieses Verfahren bei dem päpstlichen Legaten Cardinal Gentilis durchgesetzt und beruft sich später darauf. Formelb. 213 und 273.
[3]) Vgl. die Zusammenstellungen Wattenbach's über die Verhandlungen in Avignon. Formelb. 77, Anm. 1.
[4]) 12 Mark zahlten die Breslauer. Cod. dipl. Sil. III 43. Vgl. den demnächst anzuführenden Brief a. d. Erzb. v. Gnesen.

grösste Gefahr komme, sich für dies Jahr (1320) noch einmal die Zahlung in der Form des Pauschquantums (selbst hiezu, klagt das Capitel, hätten sie mit grösster Mühe gebracht werden können) gefallen zu lassen, bis die Sache selbst von dem Papste entschieden wäre [1]. Als der Erzbischof theilnehmend antwortet, regen sie von Neuem den Gedanken an, den Papst überhaupt durch eine bestimmte Summe aus jeder Parochie oder jedem Fürstenthum zufrieden zu stellen [2]. Zwar hierauf scheint man nicht eingegangen zu sein, doch gelingt es den unablässigen Anstrengungen des Capitels, von den schlesischen Fürsten noch weitere Concessionen zu erlangen; dieselben wollen den Peterspfennig vorläufig kopfweise zahlen, doch unter Protest, dass dieses ihnen für ihr Recht nicht präjudicirlich sein sollte, und erfreut berichtet das Capitel das nach Gnesen, beschwört den Erzbischof, sich den Vorbehalt gefallen zu lassen und hebt nun das Interdict auf [3].

Konrad von Oels und Heinrich von Breslau, welche bei ihren Heiraten päpstliche Dispense bedurften, scheinen unter den Ersten gewesen zu sein, die sich dazu verstanden [4], Heinrich von Glogau folgt, durch gleiche Gründe bestimmt, bald nach [5]. Auf die lebhafte Verwendung des Capitels hatte der Papst sehr bereitwillig und freundlich den gewünschten Dispens ertheilt, auch einige Capläne des Breslauer Herzogs mit Pfründen versorgt, wofür dieser noch besonders dankt.

So schien die Eintracht leidlich wieder hergestellt, doch nicht für lange Zeit; es folgten die verheerenden Raubzüge des Polenkönigs und Herzog Boleslaw's und schwerlich ohne Zusammenhang hiermit die ersten Verhandlungen der Breslauer mit Böhmen, dann der vollständige Bruch des Papstes mit dem Kaiser, dessen Verbündeter ja Johann von Böhmen war, und darauf die Sendung der päpstlichen Gesandten nach Breslau mit den gemessensten Instructionen und auf's Höchste geschraubten Forderungen. Man könnte

---

[1] Formelb. 223.
[2] Ebendas. S. 241 (III. 33).
[3] Ebendas. S. 223. Dass das Interdict 1321 schon aufgehoben war, erhellt aus der Anordnung auf S. 91.
[4] Formelb. 209 und Theiner I, 175, 76.
[5] Vom 23. Juni 1823 ist die betreffende Urkunde datirt. Böhme dipl. Beiträge VI. 158.

leicht zu dem Glauben kommen, es sei dies schroffere Auftreten
des Papstes auch wohl durch eine in diesen kriegerischen Zeiten
leicht erklärliche erneute Stockung in der Zahlung des Peterspfennigs bewirkt worden, um so mehr, da sich in der Instruction des
päpstlichen Gesandten von 1325 Andeutungen auf solche Versäum-
nisse finden [1]); doch finden wir, dass die vor der Ankunft des päpstlichen Gesandten zu Einsammlern in ganz Polen bestimmten Bischöfe
von Gnesen und Leslau aus allen den Jahren von 1322—25 nicht
unbedeutende Summen abführen ohne irgend eine Erwähnung, dass
in der Diöcese Breslau besonderer Widerstand geleistet worden
wäre [2]), und speciell aus dem Jahre 1325 liefern dieselben aus der
Stadt und einem Theile der Diöcese an ihre Nachfolger 10 1/3 Mark
Gold und 31 3/4 Mark Silber ab, eine Summe, welche der durch den
Legaten im folgenden Jahre dort gesammelten 1 Mark Gold 136
Silber ungefähr entspricht [3]), ja noch mehr, in den Breslauer Rechnungsbüchern finden wir für das Jahr 1326 die ungeheure Summe
von 548 1/6 Mark für Zahlungen an die Curie ausgeworfen [4]), d. h.
fast so viel als die gesammten herzoglichen Steuern in einem Jahre
betrugen (d. i. 560 Mark).

Auch der an die Administratoren gerichteten harten Forderung,
die bischöflichen Einnahmen aus der ganzen Zeit der Sedisvacanz
an die päpstlichen Gesandten abzuliefern, suchten diese gerecht zu
werden, doch, obwohl sie zu diesem Zwecke den im Liegnitzer
Gebiete liegenden bischöflichen Gütercomplex *(procuratia Legni-
censis, sive territorium Legnicense)* der päpstlichen Kammer
verpfändeten und diese sehr bedeutende Summen hieraus gezogen

---

[1]) Theiner I, 211.
[2]) Ebendas. I, 281 ff.
[3]) Theiner 274.
[4]) Pro auro pagato in Flandria 548 M. et 4 scot. Cod. dipl. Sil. III 52. Ich möchte
bestimmt glauben, dass das dieselbe oder wenigstens eine gleichartige Zahlung mit
der gewesen ist, welche die Breslauer 1330 zu Brügge an die Gesellschaft der
Bardi auf päpstliche Anweisung leisten (Theiner I, 330). Allerdings ist an dieser
Stelle nur von 480 Mk. Trogani ponderis die Rede, doch könnte der Mehrbetrag auf
Agio und Reisekosten der Gesandten sehr wohl aufgehen. Dies Geld betrifft zwar
nicht den Peterspfennig, sondern die bischöflichen Revenuen der Sedisvacanz, doch
ist es gar nicht unwahrscheinlich, dass die Breslauer hier dem Capitel geholfen
haben, sei es in der Form eines (natürlich unverzinslichen) Darlehens, sei es als ein
directes Geschenk; da wir von einer Rückzahlung nichts lesen, möchte man an das
Letztere glauben.

hat ¹), so vermochten sie doch den Ansprüchen der Legaten nicht durchaus zu genügen, und noch 1327 klagen sie dem Papste, dass, wenn die Forderungen der Legaten strict erfüllt werden sollten, der neue Bischof nichts oder allzuwenig vorfinden würde, um mit seiner Dienerschaft leben zu können ²). Die päpstlichen Sammler hatten übrigens zur Erhöhung der verlangten Summe noch ein besonderes Mittel gefunden, welches ihnen allerdings ihre Instruction selbst an die Hand gab. Diese letztere nämlich (1325, Juni 22) ³) verlangt Rechenschaftsablegung, resp. Ablieferung der bischöflichen Einnahmen nicht nur aus der Zeit der Sedisvacanz, sondern auch aus der der Suspension Bischof Heinrich's und fügt hinzu, derselbe sei nach dem Tode Papst Clemens' V. (1314) eigenmächtig nach Breslau zurückgekehrt.

Natürlich folgerten die Legaten hieraus, da dem Bischof Heinrich die Verwaltung des Bisthums niemals legaliter zurückgegeben worden sei, also seine Suspension bis an seinen Tod fortgedauert habe, so müssten die Administratoren für die ganze Zeit von der Suspension an (1309) bis jetzt bezüglich der Einnahmen haften. Diese behaupteten dagegen, der Bischof sei ganz ausdrücklich von Papst Clemens V. restituirt worden, und sie hätten auf Grund dieser Restitutions-Urkunde demselben damals Rechenschaft abgelegt und wären jeder Verantwortung für die Zeit der Suspension ledig. Leider fand sich jedoch (wovon wohl die Legaten Kunde haben mochten) jene Restitutions-Urkunde nicht mehr vor, und das Capitel wendet sich desshalb brieflich an einen Freund in Avignon, um durch dessen Vermittelung eine neue Ausfertigung aus dem päpstlichen Register zu erhalten ⁴). Ob es dieselbe erlangt hat, wissen wir nicht, wohl aber, dass das Capitel im vollsten Rechte war, da die betreffende Urkunde vom 12. October 1313 jetzt aus dem päpstlichen Archive von Theiner mitgetheilt worden ist und dieselbe eine ganz unzweideutige Restitution Bischof Heinrich's enthält ⁵). Auch mögen wir aus der später selbst aus dem Munde des Capitels wiederholt vorkom-

---

¹) So im Jahre 1326, 370 Mk. Theiner I, 283 ; 1335, 700 Mk. ibid. 373; im 13. Jahrh. als tenuta Legalconsis bezeichnet. Copialbuch der Mansionare der Kreuzkirche in Breslau. f. 102.
²) Formelb. 260.
³) Theiner I, 206.
⁴) Formelb. 256.
⁵) l. 124, teque restituimus ad administrationem praefatam.

menden Anführung, dass die Forderung der Legaten auf fünf Jahre der Sedisvacanz sich beziehe (1320—25) [1], schliessen, dass hier das Capitel durchgedrungen ist.

Und wenn andererseits dieses Verfahren glauben machen könnte, es habe Grund zu dem Argwohne vorgelegen, die Administratoren und besonders Nicolaus von Banz (sein College Henr. de Drogus tritt gegen ihn vollständig in den Schatten) habe sich bei der Verwaltung der bischöflichen Einkünfte selbst zu bereichern gesucht, so scheint dies doch bei näherer Betrachtung wenig glaublich. Wenn er mit einem Canonicate an der Domkirche noch eine Prälatur (Kantorie) am Kreuzstift verband, so war dies eine hier durchaus herkömmliche Combination. Ob er reich war, mögen wir dahingestellt sein lassen. Zwar schenkt er am Anfange der Sedisvacanz der Domkirche ein Landgut [2], doch sehen wir ihn andererseits den Ansprüchen der Legaten gegenüber 1325 oder 1326 in der Nothwendigkeit, von der Stadt Geld aufzunehmen [3], und vor Allem spricht gegen jeden Argwohn die Wahrnehmung, dass er, wie wir noch weiter zu erwähnen haben werden, auch während der Regierung des Bischofs Nanker in einem ganz eminenten Grade das Vertrauen und die Achtung seiner Collegen im Capitel sich zu bewahren vermag.

Dagegen dürfen wir in Betreff der beiden päpstlichen Gesandten nicht verschweigen, dass diese nicht nur durch ein schroffes und provocirendes Auftreten bei ihrem ohnehin schon hinreichend misslichen Geschäfte die Gemüther gegen sich erbittert, sondern auch allgemein Klagen über ungebührliche und übermässige Ansprüche und Erpressungen hervorgerufen, ja sogar trotz ihrer sehr bedeutenden Diäten (1 $^1/_2$ Goldgulden pro Tag) und der zahlreichen Präbenden, welche sie cumulirten, noch auf unredliche Weise ihren Vortheil gesucht haben. Von solchen Vorwürfen ist auch Andreas von Veroli (i. d. Campagna), sonst der bei weitem bessere von Beiden, nicht freigeblieben. Nachdem ihm (1319) durch päpstliche Provision ein

---

[1] Z. B. Formelb. 260 und 261.
[2] Formelb. 170; er besass die Hälfte der Burg Kaldenstein, Sommersberg III, 49. Vgl. Stenzel Scptt. 129, Anm. 9.
[3] Cod. dipl. Sil. III, 53.

Canonicat in Breslau verschafft worden ¹), verweigert er ebenso wie ein anderer (natürlich ein Pole) in gleicher Weise Beschenkter die Leistung gewisser beim wirklichen Eintritt in eine Dompräbende üblicher Leistungen, obwohl sich Beider Procuratoren dazu verpflichtet hatten, und das Capitel sieht sich genöthigt, geistliche Richter in Anspruch zu nehmen ²). Andererseits fällt es uns schwer, zu glauben, dass Alles mit rechten Dingen zugegangen sei, wenn, wie er selbst eingesteht, 15 Mk. Goldstaub, die er eingenommen, beim Einschmelzen sich um ein volles Drittel vermindern ³). Auch beschuldigt das Capitel ganz direct beide Legaten, z. B. von den schlesischen Cistercienser-Klöstern mehr verlangt zu haben, als wozu sie ein Recht hatten, wie dasselbe auch die auf die Vicare ausgedehnte Besteuerung als unrechtmässig darstellt und sich desshalb an den Papst wendet ⁴).

Nichts destoweniger fand das Breslauer Capitel Veranlassung, es lebhaft zu bedauern, als derselbe gegen Ende 1326 Breslau verliess und so das Feld seinem ungleich schlimmeren Collegen Peter von Auvergne, einem Kleriker der Diöcese von Limoges, der zugleich für rechtsverständig galt, frei überliess. Derselbe gehörte zu der Classe von Beamten, denen ihre Vorgesetzten um ihrer Brauchbarkeit im Geschäft und Tüchtigkeit willen vieles Bedenkliche nachzusehen geneigt sind, und erst eine Reihe von Jahren später hat der päpstliche Stuhl ihn wegen mannigfacher Erpressungen und wucherischer Handlungen selbst zur Verantwortung gezogen. Von Rechtswegen aber hätten schon die skandalösen Auftritte, welche derselbe im Jahre 1327 in Breslau veranlasste, seine sofortige Abberufung zur Folge haben müssen. Damals nämlich habe er, wie das Capitel in einem Briefe an Andreas von Veroli klagt, einen aus angesehener Breslauer Patricier-Familie stammenden Canonicus der Kreuzkirche, Johann Winer, zugleich Caplan des Herzogs, in einem Wortwechsel vor vielen Zeugen mit der geballten Faust in's Gesicht geschlagen, wie aus drei darüber aufgenommenen notariellen Urkunden hervorgehe und darauf, als man ihn zur Rede gestellt, noch die beschimpfende Verleumdung ausgesprochen, jener Johann Winer habe ihn

---
¹) Theiner I, 154.
²) Formelb. 90.
³) Theiner I, 274, Anm.
⁴) Formelb. 261.

des von ihm für den Papst gesammelten Geldes berauben wollen. Eine furchtbare Aufregung in der Stadt sei die Folge gewesen und endlich seien der Herzog, die Consuln und eine ungeheure Menschenmenge auf den Dom herausgekommen und hätten tumultuarisch verlangt, dass das Capitel den Frevler excommunicire. dieses habe nach vergeblichen Versuchen, die erzürnte Menge zu besänftigen, endlich mit Mühe einen kleinen Aufschub erlangt. Aber dasselbe fürchtet, wenn nicht der Legat schleunigst die Stadt verlasse, eine Wiederkehr ähnlicher Scenen; selbst wenn wider Vermuthen ein Vergleich mit Johann Winer zu Stande käme, sei Peter hier nicht mehr sicher, sein unschickliches und beleidigendes Benehmen habe ihn zu allgemein verhasst gemacht, Andreas möge selbst zurückkehren und seinen Collegen nach Krakau, oder wohin es immer sei, gehen lassen [1]).

Die Befürchtungen des Capitels waren nicht ungegründet, und wir werden noch von weiteren Angriffen gegen den Legaten zu berichten haben, deren Einzelheiten uns zugleich belehren, dass der Zorn der Menge sich nicht allein gegen Peter, sondern auch einige Canoniker, nämlich die polnische Partei im Capitel, richtete [2]). Das vollständige Gegenstück hierzu bildet das Attentat, das um dieselbe Zeit von polnischer Seite oder wenigstens von dem mit Polen verbündeten Herzog Boleslaus auf den Führer der deutschen Partei im Capitel, Nicolaus von Banz, versucht ward. Derselbe ward nämlich, als er gerade einer Capitelsitzung beiwohnte, dort festgenommen und nach dem Schlosse Jeltsch in der Nähe von Ohlau gebracht, von wo ihn jedoch seine Freunde bald wieder befreiten [3]).

Aber auch nach anderer Seite hin zeigten sich Symptome schlimmer Zerrüttung. Wir sahen schon, wie das Capitel Veranlassung nahm, die Cistercienser in Schlesien bei ihrem Ordensoberen von dem Verdacht des Ungehorsams zu reinigen, im Jahre 1326 sehen wir aber den Papst gegen die Äbte des Sandstiftes [4]) und von Hein-

---

[1]) Formelb. 237.
[2]) Theiner I, 309.
[3]) Chron. princ. Pol. Stenzel St. I, 129.
[4]) Es wäre leicht möglich, dass die um jene Zeit im Sandstifte dauernd herrschenden Streitigkeiten, welche sogar zu den ärgerlichsten Scenen geführt haben, auch hier wie bei dem Domcapitel sich auf einen Gegensatz zwischen polnisch und deutsch zurückführen liessen.

(Grünhagen.)

richau einschreiten, weil diese sich weigern, die gegen Ludwig den Baier erlassenen päpstlichen Urtheilssprüche zu publiciren, wobei dem von Heinrichau noch besonders vorgeworfen wird, dass er bei dieser Gelegenheit sehr unehrerbietige Reden über den Papst ausgesprochen habe. Es waren das Dinge, welche den Papst sehr beunruhigen konnten; schon waren im Reiche überall die Minoriten auf Seite des Kaisers getreten, wie wenn jetzt auch in den Reihen der obigen Klostergeistlichkeit die Empörung einriss? Der schlesische deutsche Klerus konnte am ersten Veranlassung finden, das Signal dazu zu geben, seit der heilige Vater so eng mit den Feinden der Deutschen, den Polen, verbunden war.

Freilich gab es, um die Folgen dieser Alliance aufzuheben, noch friedlichere Mittel, das wirksamste war das, welches der Führer der deutschen Partei, Nicolaus von Banz, ergriff, indem er im Verein mit den Breslauern den Herzog bestimmte [1]), sein Land der Krone Böhmens zu unterwerfen, nachdem eine Anzahl oberschlesischer Herzoge dies schon einige Wochen früher gethan. Am 6. April ward der Vertrag abgeschlossen [2]), dem gegenüber sich der Legat Peter mit einer Verwahrung aller päpstlichen Rechte begnügen musste [3]).

Für die Deutschen in Schlesien, Geistliche wie Laien, war dieser Anschluss die Rettung vor der auf's Neue drohenden Polonisirung; die Fortdauer des alten Diöcesanverbandes mit Gnesen war nun nichts weiter als eine Anomalie, die auf die Länge unhaltbar werden musste, und wenn die vollgiltige Lösung des Bandes wirklich noch für eine Zeit verhindert werden konnte, so war doch eine sehr bedeutende Lockerung desselben unvermeidlich. Zunächst freilich drohte der Zorn des Papstes, der seinen Wunsch auf das Empfindlichste durchkreuzt sah, und von dem vorauszusetzen war, dass er das Capitel und dessen Leiter dafür verantwortlich machen würde, was der Minister Heinrich's VI. gethan hatte, und eben so gewiss war es, dass gesteigerte Ansprüche der Legaten neue Conflicte hervorrufen würden. In diese nach allen Seiten hoch gespannten

---

[1]) Nic. v. Banz, der als das erklärte Haupt des Capitels erscheint, wird zu gleicher Zeit von unserer ältesten Quelle als de consilio ducis bezeichnet (Chron. princ. Pol. 129).
[2]) Vgl. Grünhagen: Breslau unter den Piasten 59.
[3]) Muratori antiqu. Ital. VI. 147.

Verhältnisse trat nun der neue Bischof Nanker hinein, den jetzt der Papst der mehr als sechs Jahre hindurch verwaisten Kirche zu geben sich entschloss.

König Johann und Bischof Nanker.

Der neue Bischof von Breslau Nanker, Sohn des Jumiram, war ein Pole, aus Krakau gebürtig [1]). Sein religiöser Eifer verschaffte ihm eine Stelle im Domcapitel zu Krakau, die früh erlangte Gunst des Papstes erwirkte ihm 1319 das Decanat dieser Kirche [2]), und als dann das Jahr darauf der Bischof von Krakau starb, folgte ihm Nanker auf dem bischöflichen Stuhle dieser Kirche [3]). Wie sehr auch seine Ernennung König Wladislaw willkommen gewesen sein mochte, entging auch er nicht Reibungen mit dem eigenwilligen und überall durchgreifenden Fürsten, und eine päpstliche Bulle des Jahres 1323 nimmt ihn ausdrücklich gegen den König in Schutz [4]). Doch ist er noch 1325 bei der Verlobung des polnischen Thronfolgers Kasimir mit der Tochter des litthauischen Grossfürsten thätig [5]). Nach dieser Zeit jedoch scheinen sich seine Beziehungen zu dem König wieder getrübt zu haben, und es hat sicher ein heftiger Auftritt zwischen Beiden stattgefunden, wenn wir gleich dahin

---

[1]) 1328, 21. Decb. schreibt König Johann XXII an ihn: „*tu qui a pueritia tua nutritus fuisti in eccl. Cracoviensi*" Theiner I, 213 und um dieselbe Zeit (1313) das Breslauer Capitel: „*quia satis durum sibi (Nankero) noscitur partes illas et ecclesiam, in quibus traxit originem, relinquere et ubi parentes et consanguineos obtinet, deserere etc.*" Formelb. 260. Diesen Zeugnissen gegenüber wird man ann wohl die Nachricht des Dlugoss (Chr. episc. Wrat. ed. Lips. p. 22), dass Nanker ein Schlesier gewesen sei, nicht mehr aufrecht erhalten wollen. Ich stehe vielmehr nicht an, diese Angabe des polnischen Chronisten für eine tendenziöse Erfindung zu halten, das spätere Auftreten Nanker's gegen König Johann schien ihm von seinem polonisirenden Standpunct aus noch wirkungsreicher, wenn der Bischof ein Schlesier, als wenn er ein Pole war. Wie sehr gerade bei Dlugoss der nationale Eifer auf seine Geschichtsschreibung influirt, dafür liefert den besten Beweis die Darstellung des Anschlusses Breslau's an Böhmen (Chron. lib. IX. 902). Sie ist in einem Tone geschrieben, der ganz dem gleichkommt, in dem Polen unserer Zeit von einer der Theilungen ihres Landes sprechen. Der gute Heinrich VI. wird wegen dieses Abfalls von Polen (denn Schlesien ist auch ihm eine provincia regni Polonorum) zu einem iniquus und scelestus.
[2]) Theiner I, 148.
[3]) 1320, 10 Kal. Aprilis erscheint er zu Sandomir als electus in episc. Crac. Theiner I, 165.
[4]) Angeführt bei Łętowski Katalog biskupow Krakowsk. I 239.
[5]) Ibid. 238.

gestellt sein lassen mögen, ob wirklich bei dieser Gelegenheit, wie
Dlugosz berichtet, der Bischof von Wladislaw eine Ohrfeige erhalten hat [1]).
Die damals auf's Engste zwischen dem Papste und Wladislaw
geschlossene Freundschaft konnte wohl den Ersteren abhalten,
besondere und eclatante Genugthuung zu verlangen, doch musste
auch für einen so bewährten und treuen Anhänger, wie Nanker war,
der sich erst noch durch seinen bei der Publication der Bannsprüche
gegen Ludwig von Baiern gezeigten Eifer eine besondere Anerkennung von dem Papste verdient hatte (1325) [2]), nachdem dessen
Stellung in Krakau nun so misslich geworden war, Etwas geschehen,
und so bot sich denn als das natürlichste Auskunftsmittel seine Versetzung nach Breslau dar, wo ja der Papst auch eines zuverlässigen
und standhaften Anhängers dringend bedurfte [3]). So wird denn
durch ein vom 1. October 1326 ausgefertigtes päpstliches Schreiben
Nanker auf den bischöflichen Stuhl nach Breslau berufen [4]).

Aber wenngleich die Verhältnisse und in gewisser Weise auch
der Charakter Nanker's seine Wahl für Breslau empfohlen haben
mochten, so war es nichts destoweniger ein arger Missgriff des
sonst so klugen Papstes, auf diesen schwierigsten geistlichen Posten
gerade solchen Mann zu stellen. Nicht als ob er ein so starrer und
harter Charakter gewesen wäre, wie man ihn zuweilen dargestellt
hat; ich finde eher Züge von Gutmüthigkeit und Wohlwollen in ihm,
wenn er gleich von dem Vorwurfe der Heftigkeit nicht freizuspre-

---

[1] Chron. lib. IX. s. 991. Auch Zętowski 230 erzählt das Dlugosz nach, indem er es jedoch auf den früheren Streit um's Jahr 1323 bezieht, dagegen scheint mir doch die Zuziehung Nanker's bei der Verlobungsfeierlichkeit 1325 zu sprechen, und mir ist es wahrscheinlicher, dass dieser Conflict eine Veranlassung zu seiner Versetzung nach Breslau gegeben hat.
[2] Theiner I, 227.
[3] Christophe a. a. O. II. 13 macht darauf aufmerksam, wie gerade Papst Johann XXII. die sonst ungewöhnliche Versetzung von Bischöfen an andere Orte sehr liebte, um durch doppelte Vacanzen doppelte Annaten zu gewinnen.
[4] Theiner I, 289, und ebendas. andere Urkunden im Zusammenhange hiemit und mit gleicher Zeitbestimmung. Die Urkunde Erzbischof Janislaw's vom 26. April 1327, durch welche dem Krakauer Bischof der Vorrang unter den polnischen Prälaten eingeräumt wird und welche Zętowski als noch an Nanker adressirt anführt, dürfte wohl in's Jahr 1326 zu setzen sein, wenn sie nicht vielleicht doch schon an seinen Nachfolger gerichtet ist und so die directe Veranlassung zu dem noch zu erwähnenden päpstlichen Schreiben vom 16. September 1327 (Theiner I, 305) gegeben hat.

chen ist, und an seiner aufrichtigen, allerdings häufig bis zur Bigotterie gesteigerten Frömmigkeit ist eben so wenig zu zweifeln, wie an seiner unbegrenzten Ergebenheit dem päpstlichen Stuhle gegenüber. Aber es steckt ein gutes Theil Beschränktheit in ihm, er zeigt weder die Fähigkeit, die verwickelte Situation, in die er hineinkam, ganz zu übersehen, noch die Energie, sie zu beherrschen, und von der diplomatischen Gewandtheit, die sich bei manchen heiligen Männern, z. B. Bernhard von Clairvaux, sehr wohl mit der Frömmigkeit vertragen hat, hatte er keine Spur.

Für dieses Urtheil liefert seine ganze Regierung zahlreiche Belege, und es wird nicht leicht Jemand, der sein Verhalten als Bischof von Breslau näher in's Auge fasst, für ihn eingenommen werden. Während ihn das Vertrauen des Papstes an den wichtigsten und schwierigsten Posten stellt, der einem polnischen Bischof angewiesen werden konnte, entspricht er diesem Vertrauen nicht eben sehr. Monate lang zögert er, nach Breslau überzusiedeln und lässt die durchgreifendste Wendung der schlesischen Verhältnisse, den Anschluss an Böhmen, sehr zu Ungunsten der polnischen Kirche fast theilnahmslos geschehen. Und als er dann in diese aufgeregten und verwickelten Verhältnisse hineinkommt, da hat er keine wichtigere Sorge, als bei dem Papste auszuwirken, dass der erste Platz unter den polnischen Bischöfen, welchen er als Bischof von Krakau bisher nach altem Privilegium besessen, ausnahmsweise ihm auch bei der Übersiedlung nach Breslau bleibe [1]), oder dass er die Messe nach der gewohnten Krakauer Art singen lassen dürfe [2]), oder dass er einzelnen Günstlingen Breslauer Canonicate, auch ohne dass dieselben dort residirten, verleihen dürfe [3]). Er macht in Allem den Eindruck eines keineswegs übelwollenden, aber kleinen Geistes, der seiner Aufgabe nicht im Mindesten gewachsen ist, und eben desshalb in peinlichen und fast ununterbrochenen Zwistigkeiten sich aufreibt.

Es hat schwerlich noch ein anderer Breslauer Bischof eine so fast durchweg freudelose Regierung gehabt als Bischof Nanker.

Was das Breslauer Capitel betrifft, so möchte man es für Ironie halten, wenn Dlugosz versichert, dasselbe habe Nanker ausdrück-

---

[1]) Theiner I, 305.
[2]) 313.
[3]) 304.

lich vom Papste postulirt¹). Vielmehr wird man nicht zweifeln können, dass demselben der ihm octroyirte Pole sehr wenig willkommen gewesen; doch als ihm, so wie dem Klerus und Volk der Stadt und Diöcese Breslau und den Vasallen der Kirche die getroffene Wahl officiell angezeigt wurde²), war es weit entfernt, an Protest oder irgend eine Art von Widerstand zu denken. Sein Plan ging nur dahin, bei dieser Gelegenheit von der ihm auferlegten Herausgabe der bischöflichen Einnahmen aus den fünf Jahren der Sedisvacanz loszukommen, und es hoffte von dem Wohlwollen des Papstes für seinen neuerwählten Günstling das zu erlangen, was es für sich nie erwarten durfte. So knüpfen die Domherren denn an die lebhaftesten und submissesten Dankbezeugungen wegen des vom Papste mit der so lange verwaisten Kirche gezeigten Erbarmens eine bewegliche Schilderung ihrer traurigen Lage, wo ihnen unter der Ungunst der Zeiten nicht der zehnte Theil ihrer sonstigen Einkünfte geblieben sei und daran die Hoffnung, der Papst werde desshalb von jener Forderung abstehen, da sonst, wie ja auch die Legaten bestätigen könnten, der neue Bischof für sich und seine Dienerschaft nichts zum Leben vorfinden würde³). Daneben bitten sie auch Nanker, wenn er Gesandte nach Rom sende, die Sache dort eifrig betreiben zu lassen, wenigstens eine Ermässigung jener Forderung müsse sich doch durchsehen lassen⁴).

Die grossen Bedenken, welche das Capitel gegen Nanker's Persönlichkeit haben musste, dass er ein Fremder sei, der für die neuen Verhältnisse weder ein Interesse noch ein Verständniss habe,

---

¹) Chr. ep. Wrat. p. 165. Wenn es noch eines Beweises bedarf, dass daran nicht zu denken ist, so liegt derselbe in dem noch mehrfach zu erwähnenden Dankschreiben an den Papst (Formelb. 259), welches seiner Überschrift: Capitulum agit grates, quod providit (sc. papa) ecclesiae durchaus entspricht. Bekanntlich gibt Dlugoss von den ältesten Zeiten an die genauesten Nachrichten über den Wahlmodus bei jedem einzelnen Bischofe, und das vorliegende Beispiel zeigt deutlich, was von diesen Angaben zu halten ist.
²) Theiner I, 290. Ich kann mich trotzdem eines Zweifels nicht erwehren, ob wirklich mit dieser Notification an das Capitel Alles in Ordnung gewesen sei. Wenigstens bleibt es auffallend, dass in der oben angeführten, so durchaus submiss und diplomatisch-formell gehaltenen Dankepistel die Hinweisung auf ein directes päpstliches Schreiben kurzweg durch die Worte „ut accepimus" ausgedrückt worden sein sollte.
³) Formelb. 250.
⁴) Ebendas. 261.

und dass er, nachdem er bis jetzt immer nur mit einem Fürsten zu thun gehabt, es nun sehr schwer finden würde, mit so vielen, unter einander uneinigen zu verhandeln, treten nur in einem an den Erzbischof von Gnesen gerichteten Schreiben [1]) auf und auch da sehr diplomatisch versteckt unter der Form des Mitgefühls für den armen Neugewählten, der diese Schwierigkeiten kosten werde. Das Schreiben bricht in dem Formelbuche, wo es uns erhalten ist, nach der Einleitung einer dringend ausgesprochenen Bitte, mit einem etc. ab, so dass diese letztere selbst uns vorenthalten ist, doch glaube ich sie dahin ergänzen zu dürfen, der Erzbischof möge den neuen Bischof zur Vorsicht und Behutsamkeit ermahnen.

Dieser Letztere scheint von Anfang an eine gewisse Scheu gehabt zu haben, sich in das Wirrsal der schlesischen Verhältnisse hineinzustürzen; er konnte sich gar nicht entschliessen, nach Breslau überzusiedeln [2]). Schon in jenem ersten erwähnten Briefe hatte das Capitel ihn gebeten, nach Breslau zu kommen, und ein zweiter Brief desselben erneuert diese Bitte in noch viel dringenderer Form und versichert zugleich, um etwaige Besorgnisse des Bischofs vor der aufgeregten Breslauer Bürgerschaft zu zerstreuen, dieselbe vereinige ihre Bitten mit denen des Capitels und versichere diesen

---

[1]) Formelb. 260. Dass der Erzbischof gemeint ist, sieht man aus dem mit anderen an denselben gerichteten Schreiben übereinstimmenden Anfang und der Wendung am Schlusse.

[2]) Es existiren über die Ernennung Nanker's zwei päpstliche Briefe, der eine, schon erwähnte ausführliche am 1. October 1326 (Theiner I, 289), und ein zweiter, ganz kurzer, vom 6. October (Ebd. 292). Den letzten hat Theiner überschrieben: Nankero epist. Vral. ut ad ecclesiam suam Vral. se conferat, und man könnte hieraus schliessen, Theiner sehe in dem Briefe eine Ermahnung des Papstes an Nanker, nun auch wirklich nach Breslau überzusiedeln, welche man etwa den gleich zu erwähnenden Mahnungen des Capitels an die Seite stellen könnte. Doch steht von einer Mahnung, sich nach Breslau zu begeben, streng genommen, Nichts in dem Briefe, die Ermahnung beschränkt sich darauf: „quatinus ad ipsius, eccl. Vr. administrationem salubrem sic tue solicitudinis studia dirigas et concertas", und es ist wenig glaublich dass, wenn der Papst es für nothwendig befunden hätte, jenem ersten Briefe vom 1. October fünf Tage später einen zweiten durch einen besonderen Boten nachzusenden, dieser so wenig besagend ausgefallen sein sollte. Ich bin überzeugt, dass beide Briefe zu gleicher Zeit übergeben worden sind, und der zweite nur ein Handschreiben war, welches jenen ersten officiellen begleitete und einfach das Wohlwollen und Vertrauen des Papstes gegen Nanker ausdrücken sollte. Die Differenz der Ausstellungszeit erklärt sich leicht, wenn man erwägt, dass der erstere ja doch durch die Kanzleien gehen musste.

ihrer Ehrfurcht und ihres Gehorsams[1]). Wir wissen nicht, wann dieser Brief geschrieben worden, doch ist es durchaus wahrscheinlich, dass der Bischof nicht vor Anfang des Sommers 1327 nach Breslau gekommen, also fast ein halbes Jahr nach seiner Ernennung[2]).

Inzwischen hatten sich die Verhältnisse nicht gerade günstig gestaltet, nicht weniger die Huldigung der schlesischen Fürsten an den König von Böhmen, als der Conflict, in den, wie schon erzählt, der päpstliche Legat mit dem Herzog und der Bürgerschaft Breslau's gekommen war, mussten dem neuen Bischof höchst unwillkommen sein. In der letzteren Sache musste er selbst sogleich seine Stellung nehmen. Doch er, der den Legaten in seinem Palaste zu Breslau einquartiert fand[3]) und von diesem jedenfalls den ersten Bericht über die Sache erhielt, konnte oder wollte demselben nicht durchaus Unrecht geben. Indem er sich nun aber auf die Seite des Legaten stellte, brach er zugleich vollständig mit dem Herzoge und der Bürgerschaft Breslau's, und als dann die Erbitterung gegen Peter sich, wie es das Capitel schon früher gefürchtet hatte, gewaltsam Luft machte, war es natürlich, dass auch der Bischof hierin verwickelt wurde, und zwar umsomehr, als der Gegenstand der Verfolgung die Wohnung des Letzteren theilte. Wie es heisst, hätten Breslauer den Legaten bis in die Kirche, die man gewaltsam erbrochen, verfolgt, Diener des Bischofs dabei erschlagen und von dessen Eigen-

---

[1]) Formelb. 262.

[2]) Bei den Verhandlungen bezüglich des Anschlusses Schlesiens an Böhmen und der Huldigung (1327, April 6) wird seiner keine Erwähnung gethan, und auch zur Zeit jenes durch Peter von Auvergne veranlassten Scandals, sowie noch etwas später, als das Capitel in Betreff dieses Vorfalles an Andreas von Veroli schrieb, war Nanker unzweifelhaft noch nicht hier. In welche Zeit jedoch dies fällt, ist nicht leicht zu bestimmen. Im November 1326 war Andreas noch hier, also dürfte jene Scene Ende 1326 oder Anfang 1327 zu setzen sein, ja man möchte glauben, dass der Brief Peter's vom Jahre 1327, 16. Mai (Theiner I, 281), in welchem derselbe seinem Collegen Andreas anzeigt, dass er noch durch vermehrte Geschäfte in Breslau festgehalten werde, vor jenen Conflict zu setzen sein, weil sich sonst wohl irgend eine Hindeutung auf denselben darin gefunden haben würde, ein Grund, den ich allerdings nicht für zwingend ausgeben möchte.

Die erste in Breslau von Nanker ausgestellte Urkunde (für Kloster Kamenz), datirt vom 3. September 1327 (Prov. Archiv. Kamenz 27), andererseits ist das Schreiben Johann's vom 16. September 1327 (Theiner I, 305) unzweifelhaft die Antwort auf einen schon von Breslau aus datirten Brief Nanker's.

[3]) Theiner I, 281.

thum geraubt und zerstört¹), einige Domherren aus der Stadt verjagt, ja sogar dem Bischof und dem Legaten bei verschiedenen Gelegenheiten und auf verschiedene Weise nach dem Leben getrachtet. Natürlich folgte das Interdict und lebhafte Beschwerde bei dem Papste, denen auch noch andere über Gewaltthätigkeiten Herzog Bolko's von Münsterberg hinzugefügt werden mussten.

Der Bischof, der sich von Anfang an in Breslau nicht recht sicher gefühlt hatte²), flüchtete nun von hier nach seiner Stadt Neisse, wohin ihm die aus der Stadt vertriebenen polnisch gesinnten Domherren folgten, und von hier aus wurde dann erst das Interdict ausgesprochen und dem übrigen Capitel, welches in Breslau zurückgeblieben war, brieflich mitgetheilt³). Der päpstliche Beistand liess nicht lange auf sich warten. Johann XXII. hatte jener auch von Nanker an ihn gerichteten Bitte um Erlass der fünfjährigen bischöflichen Revenüen aus der Zeit der Sedisvacanz nicht entsprechen mögen, weil dies doch wesentlich auch dem missliebigen Capitel zu Gute gekommen wäre, doch hatte er sich sogleich von Anfang an es angelegen sein lassen, auf andere Weise dem neuen Bischof Geldmittel zu verschaffen. So verfügt er unter dem 16. September die Annullirung aller von Bischof Heinrich vorgenommenen Verpfändungen bischöflicher Güter, auch wenn dieselben mit Zustimmung des Capitels geschehen seien⁴), eine Massregel der bedenklichsten Art, deren einzige Wirkung die sein konnte, dem Capitel ein energisches Misstrauensvotum zu geben, wie denn etwas später auch von einer wirklichen Einlösung die Rede ist und zu dem Zwecke Nanker die Erlaubniss erhält, seinen Unterthanen eine mässige Steuer aufzuerlegen⁵).

---

¹) Vgl. die etwas dunkle Darstellung, die in wörtlicher Wiederholung in verschiedenen Briefen wiederkehrt, Th. I, 308 und 309. Wenn auch Herzog Heinrich VI. unter den Frevlern genannt wird, so soll doch wohl dadurch nur sein Einverständniss mit denselben, nicht seine thätliche Theilnahme constatirt werden. Übrigens halte ich diese Darstellung der Excesse für übertrieben, der Brief des Capitels in dem Formelb. 272, der sich unzweifelhaft auf diese Angelegenheit bezieht, lässt an so schlimme Dinge nicht denken.
²) Ein Zeichen dafür dürfte auch das sein, dass er gegen die Sitte Capitelssitzungen in seiner Hauscapelle abhielt. (Prov. Archiv. Urkunde vom 3. September 1327, Kamenz 104.)
³) Vgl. den schon angeführten Brief. Formelb. 271.
⁴) Theiner I. 305.
⁵) Th. I. 313.

In Bezug auf Peter von Auvergne macht der Papst nicht die mindeste Concession, sondern gibt vielmehr demselben ein erneutes Zeichen des Vertrauens, indem er dessen Collegen Andreas nach Avignon beruft [1]) und inzwischen jenen allein zur Führung der Geschäfte bevollmächtigt [2]). Die Breslauer Excesse nahm man ziemlich ernst, und wir haben Schreiben an den Erzbischof von Gnesen, sowie die Könige von Polen, Böhmen und Ungern, in welchen dieselben um Schutz für den angegriffenen Bischof angesprochen werden [3]), wie auch der Erzbischof von Gnesen, sowie die Bischöfe von Posen und Olmütz zu Conservatoren für jenen bestellt werden [4]).

Freilich grosse Wirkungen wurden durch das Alles nicht erzielt, die Breslauer blieben, wie sehr auch das Capitel zur Versöhnung drängen mochte, doch bei der Forderung stehen, dass der Legat Genugthuung leisten müsse, indem sie so lange, bis dies geschehen, die Zahlung des Peterspfennigs suspendirten, im Übrigen wollten sie gern die an jenem Auftritt Schuldigen bestrafen.

Das Capitel selbst hatte Nanker gegenüber schnell eine sehr entschiedene und selbständige Stellung eingenommen; dasselbe zeigt sich zunächst sehr unzufrieden mit dem Verfahren des Bischofs und schreibt ihm dann nach Neisse verschiedene, wenig schmeichelhafte Urtheile, allerdings nicht als die eigene Meinung, sondern als Reden des Herzogs und Breslauer Bürger aus dessen Umgebung, welche die Domherren auf dem Breslauer Rathhause bei einer Zusammenkunft, zu der man sie eingeladen, gehört hätten. Als darauf der Bischof ihnen zürnend vorwirft, während sie ihn der Nachlässigkeit anklagten, lähmten sie doch seine Schritte und ermuthigten seine Feinde, indem sie dieselben in allen Stücken entschuldigten, stellen sie dies in einem zweiten Briefe zwar in Abrede, wollen aber doch nicht verschweigen, dass sie mit dem Verfahren gegen die Breslauer nicht einverstanden seien; denn wie sehr man auch über den Rechten der Kirche wachen müsste, so sei es doch nicht rathsam, gegen den Herzog und die Bürgerschaft der Stadt, welche der Sitz des Bischofs sei, so ohne Beobachtung aller Formen und übereilt mit

---

[1]) Th. I, 307.
[2]) Th. I, 308, I. October 1328.
[3]) Th. I, 308 und 310.
[4]) Th. I, 315.

dem Interdict vorzugehen. Da ferner Breslau bestimmt abgegrenzte Parochien habe und sich die ermitteln lasse, in welche der Diener des Bischofs mit den geraubten Sachen geschleppt worden sei, so hätte man sich nach einem früher angenommenen und auch vom Cardinal Gentilis gebilligten Principe darauf beschränken sollen, über diese das Interdict zu verhängen; das Capitel spricht es dem Bischofe gegenüber geradezu aus, dass die Urkunden seiner Curie, die doch für andere zum Muster dienen sollten, öfters eine keineswegs mustergiltige Form hätten, überhaupt werde es für ihn, um wirklich segensreich zu wirken, dringend nothwendig sein, sich mit den Rechten und Gewohnheiten dieses Landes vertraut zu machen [1]).

Gegen Peter von Auvergne agitiren inzwischen die Domherren in der Weise, dass sie in den verschiedenen schlesischen Kirchspielen Materialien sammeln in Betreff der Bedrückungen und Erpressungen, welche sich der Legat hier erlaubt, um daraus eine allgemeine Appellationsschrift an den Papst herzustellen, und als ihnen in Folge dessen der Bischof wegen eigenmächtiger Versammlungen der Geistlichen und Eingriffe in seine Rechte Vorwürfe macht, legen sie demselben den Zweck ihrer Thätigkeit ganz offen dar, ja sie theilen sogar dem Bischof die Appellationsschrift mit, sie seien, sagen sie, zum Frieden bereit und wollten gern die Vermittlung des Bischofs annehmen, nur müsse der Legat für die angethane Unbill die entsprechende Genugthuung leisten und sich in's Künftige hüten [2]).

Doch mehr und mehr wurde auch der Bischof dem habsüchtigen Legaten abgeneigt; im Sommer 1328, wo er nach Breslau zurückgekehrt, eine Capitelssitzung abhält [3]). der auch Nicolaus von Banz beiwohnt, fühlt auch er sich durch dessen Forderungen beschwert und legt gegen ihn beim Papste Appellation ein [4]). Der letztere instruirt denn auch wirklich Peter, den Bischof, so lange derselbe ohnehin von den schlesischen Fürsten Verfolgungen zu erleiden habe, bezüglich der von ihm zu entrichtenden Zehnten nachsichtiger zu behandeln [5]).

---

[1] Formelb. 271.
[2] Ebenda 264.
[3] Juni 27. Domarchiv Lib. sig. f. 07.
[4] Theiner I. 309.
[5] Die Worte sind charakteristisch genug: quatinus ipsum ... tractes humanius, donec hujusmodi persecutione durante taliter fuerit pertractandus.

Inzwischen hatte der Erzbischof von Gnesen im Sommer 1328 eine Synode der polnischen Bischöfe nach Sieradz berufen, zu der sich auch Nanker begab, eben um jener Breslauer Angelegenheit willen. Hier lief ein Schreiben des Legaten Peter ein, welches zwar Versicherungen seiner Bereitwilligkeit zur Versöhnung enthielt, aber doch auf die ganze Versammlung einen höchst ungünstigen Eindruck machte, wegen der masslosen und mit jenen Versicherungen übel contrastirenden Verunglimpfungen seiner Gegner. Die Prälaten insgesammt drangen in Nanker, den Frieden zu vermitteln, und dieser, nach Breslau zurückgekehrt (etwa Anfang 1329) fand das Capitel durchaus zum Frieden geneigt, und auch der Rath von Breslau sprach sich gegen den Bischof sehr versöhnlich aus; man zeigte demselben die Kästen und Säcke, in denen das Geld für den rückständigen Peterspfennig bereit läge, und dass die Ablieferung nur desshalb sich verzögere, weil der Legat sich weigere, die nothwendige Rechnung abzulegen[1]). Das Alles meldet Nanker dem Legaten und mahnt dringend zum Frieden.

Des Bischofs Aufenthalt in Breslau in dieser Zeit (Anfang des Jahres 1329) scheint wirklich eine Versöhnung mit dem Capitel herbeigeführt zu haben[2]), und während er kurz vorher der fortwährenden unerquicklichen Kämpfe müde, schon soweit gekommen war, von dem Papste die Erlaubniss, nach Krakau zurückkehren zu dürfen, sich zu erbitten, welche ihm auch wirklich gegeben ward[3]), ist davon später nicht weiter die Rede, und als er dann im Sommer dieses Jahres nach Neisse übersiedelt, scheidet er im besten Einvernehmen mit seinen Domherren.

Doch der Einfluss Peter's am päpstlichen Hofe war noch ungebrochen; der Bischof musste es bald empfinden, dass er durch seine dem Legaten abgeneigte Haltung dessen Zorn erregt hatte. Es ward ihm jetzt nachgerechnet, dass er noch von Krakau her eine Summe von dem sechsjährigen Zehnten schuldig sei und dessen Eintreibung

---

[1]) Sie seien bereit zu zahlen, schreibt der Bischof an Peter (Formelb. 275), „dummodo e contrario vos velitis facere, que de racione in eodem negocio fuerint facienda". Der Ausdruck ratio ist nicht ganz klar. Wie man aus dem ganzen Briefe sieht und aus der Zusammenkunft des Bischofs mit den Breslauern, mag also das Interdict schon wieder aufgehoben worden sein.
[2]) So vermuthet auch Wattenbach. Einleitung zu dem Formelb. VIII.
[3]) 1329. 11. Febr. Theiner I, 317.

in strengster Form dem Erzbischof von Gnesen aufgetragen [1], nicht minder ihm auch vorgeworfen, dass er den päpstlichen Legaten Andreas von Veroli gewisser Einkünfte in der Breslauer Diöcese beraubt habe, wobei man sogar so weit ging, ihn zur persönlichen Rechenschaft nach Avignon zu fordern [2]. Dass zu diesen Zeichen der Missbilligung auch noch directe Aufforderungen zu grösserer Energie und Standhaftigkeit gegenüber dem Breslauer Capitel und den Breslauern gekommen sind, wird nicht zu bezweifeln sein, und es bedurfte nicht viel, um Nanker umzustimmen.

Allerdings hatte der Legat erneute Ursache zur Klage erhalten, indem ihn der gewaltthätige Bolko von Münsterberg bei Oppeln überfallen und beraubt hatte, und andererseits waren auch in Breslau selbst Excesse und Gewaltthätigkeiten gegen Geistliche vorgekommen [3], wie denn z. B. wegen einer dem Breslauer Archidiakon

---

[1] Th. I, 322.
[2] Thelner 325 und 326.
[3] Obwohl es natürlich fast unmöglich wird, den zahlreichen undatirten und aller namentlichen Anführungen entbehrenden Stücken des Formelbuches mit vollster Sicherheit ihre Stelle genau anzuweisen, so wird doch so viel klar, dass es sich um sehr verschiedene und zu verschiedenen Zeiten vorgekommene Excesse handelt, über die sich der Bischof beklagt, und ich stimme z. B. mit Wattenbach darin nicht überein, dass er auch den Brief auf S. 263 mit dem Angriffe auf Peter in Verbindung bringen will, während ich dagegen wie Wattenbach den auf S. 271 im Zusammenhange mit jenem Vorfalle auffasse. Aber in der That ist auch an beiden Orten von verschiedenen Ereignissen die Rede. In dem zuletzt citirten Briefe wird von einem Diener des Bischofs gesprochen, der beraubt und als Gefangener festgehalten würde. Dies kann wohl bei dem Angriffe auf Peter und der damals erfolgten Erbrechung des Bischofshofes geschehen sein, und wie man aus dem sonstigen Inhalt des Briefes sieht, fühlt sich hier auch der Herzog und der Rath in gewisser Weise betheiligt und aufgeregt, wie dies wohl bei jenem Vorfalle der Fall gewesen ist. Und wenn hier ferner das Capitel verlangt, dass das Interdict auf die Parochie beschränkt bleiben solle, in der das Haus liege, in welches man die geraubten Sachen geschleppt, und wo man den Diener gefangen halte, so muss doch dieser Ort bekannt gewesen sein. Alles dies stimmt nicht mit den Anführungen des Briefes auf S. 263. Hier handelt es sich, wie man deutlich ersieht, um einen noch viel unbedeutenderen Vorfall, den das Capitel als einen "casus fortuitus" wenngleich als "dolorosus" bezeichnet. Auch ist hier nicht wie dort von dem durch den Bischof verhängten Interdict die Rede, sondern derselbe zeigt seinen Unwillen nur durch seine längere Abwesenheit von Breslau, und während nach dem früheren Brief doch Herzog und Rath aufgeregt gegen den Bischof sind und diesem also eine gewisse Schuld beimessen, ist hier davon nicht die Rede, sondern der Rath erklärt sein grösstes Bedauern über diesen Vorfall und seine volle Bereitwilligkeit, die Frevler zu strafen, wenn er sie nur kennte, also daran, dass ein bischöflicher Diener in der Stadt notorisch gefangen gehalten werde, ist hierbei nicht zu denken. Aber man erkennt auch ausserdem, dass

Heinrich von Würben, der der polnischen Partei anhing, angethanen Beleidigung eine Zeit lang das Interdict über die Stadt, ja sogar über die ganze Diöcese verhängt ward [1]). Freilich war für dies Alles kaum das Capitel verantwortlich zu machen; was den Herzog Bolko betraf, so hatten dessen Gewaltthätigkeiten auch das Capitel schon vielfach schwer betroffen, und das Formelbuch zeigt an vielen Orten, wie bitter man sich über ihn beklagte, aber auch in den sonstigen Streitigkeiten wirkte das Capitel durchaus versöhnlich, und seinem Einflusse auf die Breslauer war es vor Allem zuzuschreiben, wenn dieselben so schnell beigelegt wurden. Auch der Conflict mit dem Archidiakon muss schnell gütlich verglichen worden sein, wenigstens verlautet von dem Interdict weiter gar nichts mehr, und der Bischof selbst sandte Heinrich von Würben, um ihn vor ähnlichen Conflicten zu behüten, nach dem an der polnischen Grenze gelegenen und der Breslauer Kirche gehörigen Schlosse Militsch und verwandte sich auch bei dem Capitel, dass dieses ihm unter billigen Bedingungen den dortigen Grenzzoll verpachtete [2]). Dort werden wir von ihm noch zu erzählen haben.

Im Sommer 1329 war nun der Bischof im besten Einvernehmen mit seinem Capitel von Breslau nach Neisse gegangen, war aber dann, wie schon erwähnt wurde, wahrscheinlich durch ein seine Nachgiebigkeit gegen die Domherren tadelndes Schreiben des Papstes umgestimmt worden und hatte z. B. verlangt, das ganze Capitel, oder wenigstens ein Theil desselben, solle sich zu ihm nach Neisse

---

es sich hier um einen Vorfall handelt, der einer späteren Zeit angehört als jener erstere. Wie wir sahen, ist jener Angriff auf Peter von Auvergne in die erste Zeit von Bischof Nanker's Anwesenheit in Breslau zu setzen. Von diesem Zeitpuncte kann jedoch in dem Briefe auf S. 263 nicht die Rede sein. Die Überschrift des Briefes thut einer öfteren Absentirung des Bischofs von seiner Residenz Erwähnung, und in dem Texte wird von dem Verhalten des Bischofs gesprochen, als er zuletzt Breslau verlassen: er muss also schon mehrmals die Residenz gewechselt haben. Endlich ist auch in jenem Briefe viel von dem Herzog die Rede, in diesem gar nicht, sondern nur von dem Könige, dem Beherrscher dieser Stadt, wie wir denn auch in der That den Herzog, wenn er gleich noch bis 1335 lebte, doch mehr und mehr in den Hintergrund treten und den Oberlehensherrn allmählich ganz allein mit dem Rath verhandeln und regieren sehen. Aus allen diesen Gründen möchte ich beide Briefe ihrem Inhalte nach durchaus trennen und den auf S. 271 in's Jahr 1327, den auf S. 263 in's Jahr 1329 setzen.

[1]) Formelb. 293.
[2]) Formelb. 267. Allerdings erscheint er l. d. J. 1331 und 1332 wieder mehrfach als Zeuge in Breslau.

verfügen. Dieser Forderung erklären jedoch die Canoniker nicht nachkommen zu können, es sei gegenwärtig die Zeit der Ernte, wo es sich um Einsammlung der Fruchtzehnten handle, von denen sie ja das ganze Jahr leben müssten; zu diesem Zwecke seien jetzt überall ihre Diener auf den Feldern zerstreut, und wer von ihnen Pferde habe, brauche sie jetzt, eine Reise sei in dieser Zeit für sie ganz unmöglich, die meisten von ihnen hätten auch bei der Noth der Zeit gar nicht die Mittel zu solcher Reise, manche hätten oft nicht einmal ein Brod im Hause, und endlich sei bei der entsetzlichen Unsicherheit der Strassen solche Reise für sie, welche, als ganz unkriegerisch, sich nicht zu schützen vermöchten, sehr bedenklich [1]).

Dieser Ungehorsam steigert den Zorn des Bischofs, und dass dieser Conflict noch grössere Ausdehnung genommen, zeigt ein zweiter Brief des Capitels aus dieser Zeit, welcher ein ganz besonderes Interesse dadurch hat, dass in ihm zum ersten Male der eigentliche Knotenpunct dieser Verhältnisse klar dargelegt wird. Das Capitel schreibt hier an einen Ungenannten, der eben von einer im Interesse des Bischofs unternommenen Reise nach Avignon zurückgekehrt ist, und beschwört denselben, seinen Einfluss bei dem Bischofe geltend zu machen, damit dieser nicht die Rathschläge der Übelgesinnten befolge, welche nur daraufdächten, ihn mit seinem Capitel zu entzweien und hierzu einen kleinen Streit mit den Breslauern zum Vorwand nähmen, obwohl der Rath und die Ältesten die friedfertigsten Gesinnungen hegten und Nanker wiederholt durch Gesandte und Briefe zur Rückkehr eingeladen hätten. Wenn der Bischof sich entschlösse, fortan in Breslau seinen dauernden Aufenthalt zu nehmen und in Eintracht mit seinen Brüdern im Capitel zu handeln, so werde er durch deren Rath und Beistand, sowie durch den der Bürgerschaft Breslau's, der Hauptstadt der ganzen Diöcese, und vor Allem durch den Schutz des Beherrschers der Stadt, des Königs von Böhmen, es möglich machen, über seine Feinde zu siegen; wenn er aber fortfahre, immer auf der Seite der Gegenpartei zu stehen, in Zwiespalt mit seinem Capitel und seinem Klerus, so drohe der Kirche vollständiger Ruin [2]).

---

[1]) Formelb. 265.
[2]) Formelb. 263.

Es ist das erste Mal, dass in diesen Angelegenheiten der Name des böhmischen Königs genannt wird, der, obwohl er, so lange der Herzog Heinrich VI. lebte, zu den Breslauern eigentlich nur in dem entfernteren Verhältnisse eines Oberlehnsherrn stand, doch ihnen allmählich schon so nahe getreten war, dass vor ihm der eigentliche Landesherr ganz zurückstand und wenig mehr in Betracht gezogen wurde. Es drängt sich uns hier nothwendig die Frage auf: welche Stellung hat er, seit ihn die Verträge von 1327 zum Oberherrn von ganz Schlesien gemacht, zu den kirchlichen Angelegenheiten und speciell zu dem Bischofe von Breslau eingenommen.

Wer sein abenteuerlich und unstet herumstreichendes Leben ansieht, kann leicht zu dem Glauben kommen, der selbst aus Palacky's Darstellung zuweilen hervorblickt, als seien ihm die Interessen seiner Länder, Schlesiens wie Böhmens, immer eigentlich fremd geblieben, als sei er immer nur hieher zurückgekehrt, um möglichst viel Geld zu neuen Abenteuern und Kriegszügen zusammenzuraffen, und als habe er am allerwenigsten für die eigenartigen Verhältnisse eines städtischen Gemeinwesens ein Verständniss gewinnen können, sondern solche nur wegen ihrer Steuerkraft im Ganzen begünstigt und gewürdigt. Jedoch ein Blick auf Breslau bestätigt solche Voraussetzungen nicht im Mindesten. Johann hat in Wahrheit viel für die Stadt gethan. In der That, diese gross angelegte und hoch befähigte Natur besitzt die glückliche und nicht vielen verliehene Gabe, sich auch in fremden Verhältnissen wunderbar schnell zu orientiren. Er hat ein lebhaftes Interesse für diese Verhältnisse und seine Regesten zeigen mannigfache Beispiele, wie er mitten aus den Fehden, in denen er sich an der Grenze Frankreichs herumtummelte, den Breslauern Verordnungen für den engeren Kreis ihrer Stadt zusendet.

Für kirchliche Angelegenheiten hatte Johann allerdings der ganzen Anlage seines Wesens nach ein geringeres Interesse, doch hingen dieselben gerade hier so vielfach mit der Politik zusammen, dass er auch in ihnen von vornherein eine Stellung nehmen musste. Wie wir sahen, hatte bei der Lehnshuldigung der päpstliche Legat Verwahrung eingelegt gegen alle Nachtheile, welche für den päpstlichen Stuhl aus diesem Acte hervorgehen könnten, und ich zweifle gar nicht, dass Johann beruhigende Versicherungen bezüglich des Peterspfennigs gegeben, wenn gleich von einer kopfweisen Erhebung fortan nicht mehr die Rede ist, sondern nur von einem nicht gerade sehr hoch bemessenen Pauschquantum. Auch mit dem Papste selbst blieben fort und fort Beziehungen bestehen, um so eher, als Johann's enge Freundschaft mit dem Kaiser Ludwig schnell wieder erkaltete. Mehrere Schreiben des Papstes auch in schlesischen Angelegenheiten liegen vor, wegen der Gewaltthat Bolko's von Münsterberg gegen den Legaten Peter wird auch der König von Böhmen zum Schutze des Letzteren aufgefordert [1]), ja er scheint sogar mehrfach einen directen persönlichen Einfluss bei dem Papste, z. B. zu Gunsten des deutschen Ordens ausgeübt zu haben [2]), und auf seinen Wunsch wird 1329 Johann, der Sohn seines Breslauer Banquiers Gisco de Reste mit einem Wischehrader Canonicat begabt [3]). Ja die Königinn Witwe, die allerdings aus polnischem Blute stammte, konnte sogar daran denken, wenn gleich zu spät, das Bisthum Breslau vom Papste für ihren Bruder zu beanspruchen [4]).

Die Breslauer hatten von Anfang an, seit Herzog Heinrich dem Könige sein Fürstenthum übergeben, von seiner allerdings schwerlich umsonst ertheilten Gunst allerlei Privilegien zu erlangen gewusst, und soweit dieselben geistliche Angelegenheiten betreffen, zeigen sie das Bestreben, die Angelegenheiten der Stadt von klerikalem Einfluss möglichst zu emancipiren; so findet sich schon in dem grossen Privilegium, welches der König noch bei seiner Anwesenheit in Breslau der Stadt ausstellte (1327, April 7), die Bestimmung, dass der Breslauer Klerus ohne genügenden Grund nicht den Gottesdienst suspendiren, noch in irgend einer Rechtssache Breslauer Bürger vor das geistliche Gericht ziehen sollte, bevor man die Sache vor dem zuständigen weltlichen Forum zum Spruche gebracht hätte [5]).

1329 erschien dann nach einem siegreichen Feldzuge gegen Polen, der sogar einen der polnischen Herzoge, Wenzel von Masorien, zur Lehnshuldigung zwang, Johann wieder in Breslau und trat auch hier mit grosser Energie auf, bestrafte mit kriegerischem Ernste die schlesischen Dynasten, welche die Breslauer geschädigt

---

[1]) Theiner I, 320, 322.
[2]) Palacky: Gesch. von Böhmen, II, 2.171.
[3]) Theiner I, 325.
[4]) Theiner I, 315.
[5]) Breslauer Raths-Archiv. D. 12. Im Auszuge bei Klose Briefe von Breslau I, 101.
(Grünhagen.)

hatten, und zwang die sämmtlichen Theilfürsten der Glogauer Linie, die von Steinau, Sagan, Oels, Glogau und sogar den wilden Boleslaw von Liegnitz, zur Unterwerfung und Huldigung.

Unter dem Eindrucke dieser gewaltigen Erfolge hatte, wie wir sehen, das Capitel dem Bischofe die Nothwendigkeit einer Verständigung mit den Breslauern und deren mächtigen Beschützern dringend an's Herz gelegt. Lange hat Nanker diesem Andrängen nicht widerstanden, und es ist sehr möglich, dass Herzog Konrad von Oels, der Schwiegersohn Heinrich's VI. von Breslau, der von allen schlesischen Fürsten am meisten päpstlich gesinnte, welcher in jenem Jahre dem Könige gleichfalls gehuldigt, den Vermittler gespielt, wenigstens hat Nanker im November 1329 an seinem Hoflager zu Oels verweilt [1]). Von da geht er nach Breslau, wo wir ihn schon den 22. November antreffen [2]).

Von der Art der nun neu geschlossenen Versöhnung wissen wir nichts, als dass sie diesmal dauerhafter war als alle früheren, da der Bischof von jetzt an seinen beständigen Aufenthalt in Breslau nimmt und zugleich, um sich der Gunst des Königs zu empfehlen, nach dem Rathe der ihren Fürsten kennenden Breslauer den praktischen Weg einschlägt, ihm ein bedeutendes Geldgeschenk anzubieten, welches er zwar selbst als eine schwer drückende Pflicht ansieht. Für diesen Zweck wird denn der gesammte schlesische Klerus und nicht minder auch die dem Bischof als Landesherrn unterthänigen Laien besteuert [3]). Auf diese Angelegenheit bezieht sich auch ein äusserst charakteristisches Schreiben des Capitels an die Neisser Rathsherren. Neisse, die Hauptstadt des dem Bischof als Landesherrn untergebenen Territoriums, trieb einen verhältnissmässig bedeutenden Handel, so dass es sogar in Betreff des Niederlagsrechtes mit Breslau zu concurriren wagen konnte [4]). Allerdings war diese Concurrenz nicht besonders glücklich gewesen, und als der Neisser Rath jetzt sah, wie die Breslauer von der Gunst des

---

[1]) Nach einer Urkunde vom 17. November Diplomat. magn. Priorat. Bohem. zu Prag.
[2]) So wird diese Urkunde, deren Original (Domarchiv F. 14) leider jetzt vermisst wird, in einer auf dem Prov. Archiv. vorhandenen Abschrift, sowie in einer Anführung bei Stehr, Chronik von Kl. Oels, S. 53, citirt. Dagegen setzt sie das jedoch nicht immer zuverlässige Repertor des Domarchivs erst I. d. J. 1330.
[3]) Formelb. 203.
[4]) Grünhagen: Breslau u. d. Piasten. S. 99. Aam.

Königs allerlei wichtige Handelsprivilegien erlangten, hatte er selbst den Bischof angegangen, durch Geschenke König Johann auch den bischöflichen Interessen günstiger zu stimmen. Nun aber gab es gerade in Neisse in jener Zeit vielfache Reibungen zwischen der städtischen und der landesherrlichen, d. h. hier bischöflichen Gewalt, wie hier selbst die Bewidmung mit Magdeburger Recht nur unter erheblichen Schwierigkeiten zu Stande gekommen ist [1]), und derartige Streitigkeiten führten denn auch dazu, dass die Neisser mit einem Male die auf sie fallende Quote des Geschenkes an den König zu zahlen sich weigerten.

Da legen sich denn die Domherren in's Mittel und ermahnen den Rath auf das Eindringlichste, seinen Verpflichtungen nachzukommen, hinzufügend, dass, wenn sie gleich sonst der bedrängten Lage der Neisser grosse Theilnahme geschenkt hätten [2]), sie doch in dieser Sache nicht würden umhin können, dem Bischofe, wenn er ernstlich gegen die Ungehorsamen vorginge, mit Rath und That zur Seite zu stehen.

So begreiflich es nun ist, dass das Capitel in diesem Falle sich für die Erfüllung der Forderung Nanker's interessirt, so charakteristisch ist auch andererseits die Form, in der dies geschieht, und in welcher sich ein nicht geringes Selbstbewusstsein von der eigenen Bedeutung neben dem Bischofe und selbst diesem gegenüber ausspricht. Dass in der That bei der Aussöhnung mit dem Bischofe das Capitel nicht der Theil gewesen, der die Kosten zu tragen hatte, das zeigt sich deutlich nicht nur aus den noch zu erwähnenden Berichten des päpstlichen Legaten Galhard, sondern auch noch in manchen anderen Dingen, so z. B. in der Gestalt, welche das dem Bischof 1332, Mai 23 überreichte und von uns vielfach benutzte Formelbuch hat. Wir sahen schon, wie das Capitel Nanker bald nach seinem Regierungsantritt den Vorwurf macht, dass man in seiner Kanzlei den Schreiben nicht eine mustergiltige Form zu geben verstehe [3]), und in Folge dessen war auf den Wunsch des Capitels

---

[1]) Formelb. 191 und 193, Anm. 1.
[2]) „. . . . licet vestra turbacio alias nobis dolorosa existeret et molesta." Formelb. 270.
[3]) Formelb. I, 272. „non minus tamen volumus et debemus dum nunnunquam in curie vestre litteris, que formam aliis dare debent, reprehensible aliquid invenitur." Ich möchte glauben, dass hier entweder statt tamen tacere zu lesen ist, oder dass dies letztere Wort hinter tamen einzuschieben ist.

einer der thätigsten und intelligentesten Domherren, Arnold von
Protzan, an die Ausarbeitung eines Formelbuches gegangen, welches
dann mit der ausgesprochenen Absicht, die hier aufgenommenen
Urkunden als Muster für die späteren bischöflichen Erlasse gebrauchen zu lassen, dem Bischof überreicht ward. Dieser konnte sich
darüber wegsetzen, dass ihm hier aus der Körperschaft, mit der er
so vielfach in gespanntem Verhältnisse gelebt hatte, ein Canon für
seine Erlasse octroyirt wurde; doch es war schon eine Demonstration zu nennen, dass hierin Actenstücke aus der Zeit des in Avignon
wenig beliebten Bischofs Heinrich und aus der noch übler verrufenen
Zeit der Sedisvacanz ihm als mustergiltig geboten wurden, aber es
war in der That stark, dass in diesen Musterbriefen sich auch einige
fanden, in welchen das Capitel dem Bischofe ziemlich bittere Wahrheiten zu sagen sich veranlasst gesehen hatte, während natürlich die
entsprechenden Briefe Nanker's fehlten; dass man dies that in
einem Buche, welches noch dazu den Beamten der bischöflichen
Kanzlei zum täglichen Gebrauch gegeben werden sollte und dies
mit solcher Unbefangenheit that, spricht wenig für den Respect,
welchen der dominus et pater spiritualis einzuflössen vermochte; es
ist dies dieselbe Beobachtung, welche schon zwischen den Zeilen
des Briefes steht, in dem Johann XXII. den Legaten Peter zu gelinderer Behandlung des Bischofs ermahnt [1]), und welche dann aus den
Berichten Galhard's sehr wenig verhüllt uns entgegentritt, dass
nämlich Bischof Nanker keine sehr bedeutende Rolle in diesen Verhältnissen spielt, immer mehr passiv als handelnd, zwischen beiden Parteien hin und her geschoben und von beiden Seiten Stösse aushaltend.

Das wieder hergestellte gute Einvernehmen zwischen dem
Bischofe, dem Könige und den schlesischen Fürsten, welches dann
in den Jahren 1331—1334 im Wesentlichen ungetrübt herrscht,
findet seinen Ausdruck auch in der Thatsache, dass am 13. December
1331 Boleslaw von Brieg mit seinen Söhnen Wenzel und Ludwig
in Gegenwart Nanker's, und zwar vor der Thüre der Domkirche
seine Lande König Johann zu Lehen aufträgt [2]), und nicht minder

---

[1]) Theiner I, 309, 1328, October 1.
[2]) Ludewig reliquiae V, 608, Lünig Cod. dipl. I, 1006, Sommersberg I, 898.

darin, dass der König von Polen 1336 bei dem Papste Nanker's Versetzung an einen anderen Ort beantragt [1]).

Den Interessen des Papstes und speciell der päpstlichen Kammer mögen diese Zeiten nicht besonders förderlich gewesen sein; wir werden noch sehen, wie man gegen die ehemaligen Administratoren Nicolaus von Banz und Heinrich de Drogus noch bedeutende Ansprüche zu haben glaubte, andererseits trat auch gerade damals, Anfang der dreissiger Jahre, eine erneute Stockung in der Zahlung des Peterspfennigs ein.

Bezüglich dessen hatte unzweifelhaft König Johann bei Gelegenheit der Huldigung des Breslauer Herzogs dem anwesenden päpstlichen Legaten beruhigende Versicherungen gegeben [2]), und in der That führen die Breslauer 1329 für das Vorjahr 82 Mark, als aus ganz Schlesien zusammengekommen, an den Legaten nach Krakau ab [3]). Für das folgende Jahr liegt uns dann sogar eine wahrscheinlich bei der Anwesenheit König Johann's im Jahre 1329 zu Stande gekommene Vereinbarung vor, in welcher allerdings von einer Zahlung nach Köpfen nicht mehr die Rede ist, aber doch für die einzelnen Städte, resp. Territorien ein bestimmtes, jährlich zu

---

[1]) Theiner I, 610. Rainald ad h. a. Nähere Motive der immerhin auffallenden Thatsache sind nicht bekannt, und es ist auch möglich, dass hier noch eine Intrigue Peter's von Auvergne nachgewirkt hat, der ja bald darauf von Nanker wie von dem an derselben Stelle mit ihm zugleich genannten Bischof Johann von Krakau bei dem Papste verklagt wird.

[2]) Wenn Stenzel (Bisthums-Urkunde 293, Anm. 1) aus einer Erwähnung der Urkunde von 1343 schliesst, dass König Johann 1327 sich verpflichtet habe, in Schlesien den Peterspfennig kopfweise erheben zu lassen, und dies dann in der Einleitung LXXXVII als erwiesen hinstellt, so ist der hierbei obwaltende Irrthum schon hieraus ersichtlich, dass nach jener urkundlichen Erwähnung Galhard de Carceribus das Abkommen mit Johann getroffen hat, und dieser erst 1334 seine Legation in Polen antritt.

[3]) Dass schon für das Jahr 1328 der Peterspfennig gezahlt wurde, zeigt die Notiz bei Neumarkt Cod. dirl. sil. III. (S. 89) 6 m. de duobus annis, und dass andererseits die auf S. 55 als nach Krakau gesendet bezeichnete Summe auf den Peterspfennig zu beziehen ist, dafür sprechen verschiedene Umstände; einmal der, dass der päpstliche Legat (wie noch zu erwähnen sein wird) in Krakau verweilte, sowie dass Krakau auch für die Folgezeit das Centrum für die Einsammlung jenes apostolischen Zehnten war, und nicht minder der, dass die Höhe der Summe ganz wohl passt; denn obwohl dieselbe von der ursprünglich veranschlagten nicht unbedeutend differirt, so finden wir dieselbe doch in den späteren Angaben annähernd häufig wiederkehren, 1338 (S. 64) sogar ganz genau mit 82 Mk. 6 Skot.

entrichtendes Pauschquantum festgesetzt wurde ¹). Diese Veranschlagung ergibt eine Gesammtsumme von 129 Mark Silber, wobei unter Anderem die grossen Städte oder Territorien, nämlich Breslau, Liegnitz, Löwenberg, Brieg, Schweidnitz mit je 1 Mark Goldes (= 15 ½ Mark Silber) vertreten sind.

Aber sei es, dass in dieser Zeit die, wie wir schon sahen, auf päpstliche Anregung wieder hervorgetretene schroffe Haltung des Bischofs und das über die Stadt verfügte Interdict die Breslauer reizte, sei es, dass andere uns unbekannte Ursachen hier mitgewirkt haben, genug, im Jahre 1330, wo die Einnahme des Peterspfennigs nach dem neuen Anschlage bis auf 118 Mark gestiegen war, führten sie von der Summe nur 60 Mark ab und verrechneten das Übrige für ihre Auslagen bei verschiedenen, in demselben Interesse nach Avignon geschickten Gesandtschaften, wobei sie noch 16 Mark zugesetzt zu haben versichern ²).

Und was das Schlimmste war, hiermit stockten überhaupt die Zahlungen; die städtischen Rechnungsbücher aus jenen Jahren melden für's Erste nichts mehr vom Peterspfennig, und ganz in Übereinstimmung damit zeigen die aus jenen Zeiten uns erhaltenen Rechnungen über den Peterspfennig eine directe Lücke zwischen 1329 und 1335.

Der Bischof, alt und eingeschüchtert, wie er war, schwieg zu dem Allen, und auch der sonst so rührige Peter von Auvergne, der seit dem Überfalle, den ihm Bolko von Münsterberg bereitet, sich nicht mehr nach Schlesien gewagt hatte, sass unthätig in Krakau. Der Habsucht und Geldgier, die schon immer seine Hauptfehler gewesen, verfiel er mehr und mehr, und zu ihrer Befriedigung suchte er auch den Conflict mit Bolko von Münsterberg auszubeuten. In zwei Briefen aus Krakau 1330, August 25 und 1331, Januar 30 ³) bekennt er von dem Herzoge Genugthuung erhalten zu haben und hebt Bann und Interdict auf, und aus dem später desshalb angestrengten Processe wissen wir, dass er sich den Erlass von Bann und

---

¹) Cod. dipl. Sil. III, 89.
²) A. a. O. S. 90, dass der Posten der 60 Mk. nicht, wie es den Anschein hat, auf die Besoldung des Gesandten zu beziehen ist, zeigt die Notiz bei der folgenden Gesandtschaft von 1330.
³) Theiner I, 378.

Interdict hat direct für 150 Mark von dem Herzog abkaufen lassen ¹). Auch die Breslauer zahlen ihm in dieser Zeit 1329—30 die gewaltige Summe von 861³/₄ Mark ²), ohne dass wir bestimmt sagen könnten, wofür. Vielleicht war es doch in irgend einer Form eine Abfindung des Legaten, was die folgenden Ereignisse nicht unwahrscheinlich machen.

Für Peter, der sich der besonderen Gunst des Königs Wladislaw erfreute, war auch Krakau ein besonders günstiger Boden; hier war es ihm gelungen, zwei seiner Brüder in das Domcapitel zu bringen ³), und noch 1333 verschaffte ihm die Gunst des Königs zu seinen zahlreichen Beneficien noch die reiche Pfründe von St. Florian bei Krakau ⁴). Doch allmählich begann das Vertrauen des Papstes in den Legaten, welches so lange unerschüttert geblieben war, zu wanken, und besonders seit dem Tode seines Gönners Wladislaw konnte Peter die Wendung der Dinge empfinden. Im Juli 1333 wird er selbst ernstlich ermahnt, die von ihm eingesammelten Gelder an die Bevollmächtigten der mit dem päpstlichen Hofe in Geschäftsverkehr stehenden flandrischen Kaufleute abzuführen und sich selbst nach Avignon zu begeben ⁵), dann wird ihm Galhard de Carceribus adjungirt und ihm eine erneute Aufforderung zur Rückkehr zugesandt. Doch Peter war nicht gesinnt, die Macht, welche

---

¹) Theiner I, 375.
²) In den Rechnungsbüchern C. d. Sil. III, 55, heisst es: super pecuniam legati 600 e 15 marc. (auri) puri constabant cum dampnis et expensis 860 M. et 1 fert. Hier sind jedenfalls zwei verschiedene Posten zusammengefasst; die erst erwähnten 600 Mark sind augenscheinlich dieselben, über welche der Legat die Schuldverschreibung der Breslauer bei sich trug, als er zu Oppeln beraubt wurde (Theiner I, 378), aber weder für diese Summe, noch für die 15 Mk. Gold weiss ich eine hinreichende Erklärung; wäre es etwa eine bei der Huldigung an Böhmen durch den Legaten ausbedungene Summe, so würde doch wohl die Bezeichnung in dem Ausgabe-Register etwas anders lauten. Das Nächstliegende wäre, die Worte „pecunia legati" im eigentlichsten Sinne zu nehmen und an Geld des Legaten zu denken, welches die Breslauer blos asservirt und nun restituirt hätten, und dazu lockt der Umstand an, dass nur bei den Rechnungen der Legaten so Marken Goldes und Silbers vermischt vorzukommen pflegen. Aber man entschliesst sich schwer, dies anzunehmen: es wäre doch eine heillose Wirthschaft gewesen, wenn eine solche grosse unverlraute Summe ausgegeben worden wäre, ohne dass man auch nur wüsste, wo sie hingekommen und jetzt die Stadt sie auf einmal hätte restituiren müssen.
³) Theiner I, 347.
⁴) Theiner I, 343—47.
⁵) Theiner I, 349.

er so wirksam im Dienste seiner Habsucht zu gebrauchen gewusst hatte, leichten Kaufes aus den Händen zu geben; er liess die Weisungen des Papstes einfach unerfüllt, weigerte sich, seine Papiere, z. B. Schuldverschreibungen der Zahlungspflichtigen an seinen Nachfolger auszuhändigen und ging sogar so weit, dem Bischof Nanker direct zu verbieten, Reste von Annaten an Jemand Anderen als ihn selbst zu zahlen [1]). Die Nachricht von dem in jene Zeit fallenden Tode Johann's XXII. mochte ihn um so mehr hoffen lassen, durch Geld und Freunde in Avignon noch eine ihm günstige Wendung der Dinge hervorzurufen. Doch er täuschte sich, der neue Legat Galhard war nicht der Mann, sich so ohne weiteres bei Seite schieben zu lassen, und seine energischen Vorstellungen bewirkten auch, dass der neue Papst Benedict XII. das Verfahren gegen Peter wieder aufnahm und nicht nur demselben die Befehle seines Vorgängers sehr energisch und unter Androhung von Strafen auf's Neue einschärfte, sondern auch, was Peter am peinlichsten berühren musste, die Vollstreckung dieser Befehle in die Hand Galhard's legte [2]). Aber es sollte noch schlimmer kommen. Auch der alte Feind Peter's, Bolko von Münsterberg, fasste jetzt neuen Muth und strengte eine Klage gegen den Legaten an wegen Erpressung von 150 Mark durch Androhung des Interdicts, und Galhard liess durch seine Bevollmächtigten den Archidiakon und den Dekan von Oppeln in einem uns noch erhaltenen und von Theiner (I. 375) mitgetheilten Protokolle die Aussagen der Belastungszeugen feststellen (1336) [3]).

Nicht minder hatten damals die Klagen des Bischofs von Krakau, welcher schon seit Langem mit Peter in Streit war, sich Gehör verschafft, und ein streng gehaltener päpstlicher Brief weist den neuen Legaten an, Peter dazu anzuhalten, dass er das von dem Bischof oder anderen Klerikern in eigennütziger Absicht erpresste Geld schleunigst restituire (1335) [4]). Auch unser Nanker trat nun mit ähnlichen Klagen hervor, ihn hatte Peter in der Weise übervortheilt, dass er für die Mark Goldes, die er ihm zu 12 Mark Silber anzunehmen versprochen, später 14 oder 15 Mark Silber von ihm

---

[1]) Theiner I, 385.
[2]) 362.
[3]) Theiner I, 375.
[4]) Theiner I, 388.

verlangte, wobei denn gleichfalls Galhard seinen Collegen zur Ersetzung dieses durch das „*crimen usurarie pravitatis*" erzielten Gewinnes bewegen sollte [1]).

Auf so unrühmliche Weise trat nun der einst so gefürchtete Legat vom Schauplatze ab, deutlich aller Welt zeigend, dass das Capitel und die Schlesier überhaupt bei ihrer Abneigung gegen ihn nicht im Unrechte waren. Wenige Jahre später (spätestens 1338) scheint er in Brügge, wohin er sich um der Geldgeschäfte mit den flandrischen Kaufleuten willen begeben hatte, gestorben zu sein [2]).

Dem neuen Legaten, Galliard de Carceribus, aus der Diöcese von Cahors [3]), waren unzweifelhaft die schlesischen Angelegenheiten, welche Peter in der letzten Zeit ganz vernachlässigt hatte, dringend an's Herz gelegt worden, und mit seinem Auftreten beginnt eine neue Phase des Kampfes, lebhafter als je und um so interessanter, als die eigentlichen Principien, welche dem Streite zu Grunde liegen, nun weit unverhüllter als früher, uns entgegen treten.

Galhard scheint ein persönlich weit achtungswertherer Charakter gewesen zu sein, als sein Vorgänger, auch frei von dem schnöden Eigennutze, der diesen befleckte, dabei von einer nicht geringen Schärfe des Verstandes und der Beobachtung, wie seine uns erhaltenen Berichte an den Papst zeigen, auch von grossem Eifer und Hingebung für das ihm anvertraute Amt erfüllt, aber daneben unbesonnen, heftig und zu wenig den Verhältnissen Rechnung tragend.

Im Jahre 1334 war er zum Legaten ernannt worden, und gegen Ende dieses Jahres erschien er nun zum ersten Male in Breslau [4]).

---

[1]) Ebendas. 369. Allerdings schwankte damals der Curs des Goldes erheblich. Von 1329—1335 sank er von 15½ auf 13. C. d. Sil. III. 89 und 90, Anm. 2.

[2]) Theiner S. 419 und 423.

[3]) Caro in seiner Gesch. Polens nennt ihn Galhard von Chartres, wie ich glaube, mit Unrecht. Chartres (*lat. Carnotum*) steckt sicher nicht in dem Beinamen de Carceribus, sondern wahrscheinlich der Name eines südfranzösischen Ortes in der Diöcese von Cahors, und Galhard wird seine Carrière vermuthlich zunächst dem Umstande zu verdanken gehabt haben, dass er ein Landsmann des aus Cahors gebürtigen Papstes Johann XXII. war.

[4]) Den Ausgangspunct für die hier und weiter unten im Texte gegebene chronologische Anordnung der Begebenheiten hat für mich die Notiz in Galhard's Berichte (Th. I, 692) gebildet, dass seine Vertreibung aus Breslau sede vacante erfolgt sei. Allerdings war die Sedisvacanz nach dem Tode Johann's sehr kurz; derselbe starb 1334, 4. December, und schon den 20. desselben Monats ward

Er erzielt hier mannigfache Erfolge; so brachte er als Reste von dem früher erwähnten sechsjährigen Zehnten die bedeutende Summe von 1681 Mark zusammen, wovon allerdings 680 auf den Bischo und den von demselben verpfändeten Liegnitzer Halt kamen [1]). Freilich genügte die auf diese Weise von dem schlesischen Klerus eingetriebene Summe von 1000 Mark dem Legaten keineswegs und er nennt die schlesische Geistlichkeit in seinem Berichte an den Papst geradezu mit Bezug auf diese Angelegenheit, schlechte Zahler [2]).

Höchst merkwürdig scheinen sich die Verhältnisse in Bezug auf den Peterspfennig gestaltet zu haben. Der päpstliche Legat behauptet in den ersten zwei Jahren seiner Amtsführung (1335 und 1336) aus der Breslauer Diöcese nur aus dem Archidiakonat Oppeln jedesmal 20 Mark erhalten zu haben [3]), erst 1337 seien dazu noch der Bischof mit seinem Neisser Territorium (exclusive der Stadt) und die Kirchspiele von Gleiwitz und Wansen gekommen, welche dann allerdings für die ersten zwei Jahre nachgezahlt hätten [4]).

Von der übrigen Breslauer Diöcese und ganz besonders von den Breslauern, wird beständig behauptet, sie weigerten sich hartnäckig, den Peterspfennig zu zahlen und desshalb ward Bann und Interdict gegen sie in Bewegung gesetzt [5]). Dies ist nun augenscheinlich eine Unwahrheit; allerdings scheinen, wie schon erwähnt, von 1331 bis 1335 die Zahlungen gestockt zu haben, doch mit dem Jahre 1335 werden sie auf die Mahnung des Legaten wieder aufgenommen und jährlich nach dem schon erwähnten Anschlage an die Breslauer (freilich mit mancherlei Restanten) entrichtet, welche sie dann direct an den

---

Benedict gewählt und den 8. Januar consecrirt, auch dürfte man wohl jenen Ausdruck so zu verstehen haben, dass nicht gerade die Zeit, wo der Papst gestorben war, gemeint ist, sondern die, wo die Nachricht von seinem Tode nach Breslau kam, also mehrere Wochen, resp. Monate später, da wohl anzunehmen ist, dass gerade diese Nachricht die Breslauer zu ihrem Vorgeben ermuthigt habe.

[1]) Theiner I, 369—374.
[2]) Clerus solvit pessime. Th. 392.
[3]) Theiner I, 394 und 443 ff.
[4]) Ebendas. I, S. 445. Der Pfarrer von Wansen räumt ein, seit 13 Jahren keinen Peterspfennig mehr gezahlt zu haben.
[5]) Berichte Galhard's 1338, Th. I, 417. . . . . *monuissem cives Wratislavienses et omnes alios dyoc. Wrat., qui in solucione census b. P. ecclesie Rom. debiti longu tempore cessarerant . . . et quia frequenter moniti predictum censum solvere recusaverunt et recusant . . . ".*

Papst abführen. Auch die Breslauer selbst zahlen schon 1335 ihre Quote mit 1 Mark Goldes = 13 Mark Silber ¹) und wenn sie früher, wie wir sahen, ihre Unkosten bei der Einsammlung und Ablieferung zum grossen Theil aus den gesammelten päpstlichen Geldern bestritten haben, so nehmen sie jetzt davon Abstand und verzeichnen nur in ihren Rechnungsbüchern, dass sie bei Eintreibung und Ablieferung der Gelder für den Peterspfennig aus dem Jahre 1335 (62 Mark) und 1336 (46 Mark) ²) in Summe 60, resp. 62 Mark Unkosten gehabt haben, obwohl sie keinen eigenen Boten gesandt, sondern das Geld dem Magister Bertold, welcher dem Papst den Abschluss des Friedens zwischen Polen und Böhmen (November 1335) kund thun sollte, mitgegeben haben ³). Möglich wäre nur, dass die Breslauer gegen diese bedeutende Auslage ihre Quote am Peterspfennig pro 1336 und 1337 aufgerechnet hätten. 1338 dagegen scheinen sie wieder eine Gesandtschaft nach Avignon mit den Beiträgen pro 1337 und 1338 abgesendet zu haben, diesmal, soweit es ersichtlich ist, mit dem geringeren Kostenaufwande von nur 25¹/₄ Mark ⁴).

Davon also, dass die Breslauer und die Schlesier überhaupt in dieser Zeit keinen Peterspfennig bezahlt hätten, kann nicht die Rede sein, sondern die Breslauer, welche gleich von Anfang an mit dem Legaten in Streit gerathen waren, haben sich nur geweigert, gerade ihm denselben zu zahlen und es desshalb vorgezogen, denselben direct nach Rom zu senden, während dagegen Galhard, der sich mit Recht als den berechtigten Einsammler des Peterspfennigs in der gesammten polnischen Kirchenprovinz ansehen konnte, jede nicht durch seine Hand gehende Zahlung einfach als nicht geschehen betrachtete.

---

¹) Dies und die folgenden Notizen sind aus einer Zusammenstellung der Angaben der städtischen Rechnungsbücher und der speciellen Rechnung über den Peterspfennig C. d. Sil. III, 61 ff. und 90 ff. hervorgegangen.
²) A. a. O. 90. Bei den Worten ista est secunda contribucio etc. ist 1337 unzweifelhaft ein blosser Schreibfehler für 1336. Die vier Zeilen dahinter folgenden Posten von Nisa an waren im Original ganz mit Recht durchstrichen, da sie nur der Anfang der nächsten Jahresrechnung sind, den der Abschreiber aus einem selbst wieder eingesehenen Irrthum voraufgenommen hatte.
³) Theiner I, 387 (vgl. Theiner: Monum. Hungar. I, 610).
⁴) 1337 geht die von den anderen schlesischen Orten eingelieferte Summe gegen die Ausgabe auf, es scheint also von den Breslauern selbst nichts dazu geliefert worden zu sein. Dagegen stehen 1338 91 Mk. pro expensis den. St. Petri notirt, während die Einnahmen aus dem übrigen Schlesien nur 65¹/₄ Mk. betragen; 1339 geht dann wieder Beides genau auf.

Galhard war augenscheinlich den Schlesiern vom ersten Augenblicke an ein unwillkommener Gast, und dass auch der Klerus ihn, von dem man nichts als neue Geldforderungen und Friedensstörungen voraussah, nicht gerade gern sah, war natürlich genug, und wir werden ausserdem auch noch annehmen dürfen, dass er gleich im Anfange nicht mit hinreichender Vorsicht aufgetreten ist, aber trotz alledem muss es uns in Erstaunen setzen, mit welcher Einmüthigkeit der ganze Klerus hier Opposition macht. Als er z. B. nach Breslau kommt und die Stimmung der Bürgerschaft ihm drohend erscheint, so dass er um das schon eingesammelte Geld, das er mit sich führt, besorgt sich nach einem festen steinernen Hause umsieht, in dem er wohnen könne, weigern sich die Klöster in Breslau, ihn aufzunehmen [1]) und selbst der Bischof, bei dem doch früher die Legaten ihre Wohnung genommen hatten, muss einen Vorwand gefunden haben, um ihn abzuweisen.

Es ist unverkennbar, dass dies gespannte Verhältniss, in welches Galhard von vornherein zu der Breslauer Bürgerschaft und nicht weniger zu der Geistlichkeit kam, zu nicht geringem Theil die Folge von seines Vorgängers Handlungsweise war. Wir bemerkten schon, wie Peter von Auvergne in den letzten vier Jahren seiner Amtsführung sich gar nicht mehr um Schlesien zu bekümmern schien, wir nehmen nun wahr, dass diese Unthätigkeit weder aus Lässigkeit, noch aus Furcht hervorging, sondern dass sie die Wirkung gewisser Abkommen war, welche die Breslauer, die Bestechlichkeit des Legaten sehr wohl kennend, von diesem erlangt hatten, und welche sehr geeignet sind, auf die eigentliche Bestimmung jener oben erwähnten hohen Summe von 800 Mark, die wir 1329 in den städtischen Rechnungsbüchern als super pecuniam legati bezeichnet fanden, ein helleres Licht zu werfen.

Was zunächst den Peterspfennig betrifft, so fehlen hier directe Angaben, doch wenn wir erwägen, dass der neue Anschlag, welcher die Einsammlung und Abführung ganz in die Hände der Breslauer legte, aus demselben Jahre stammt, wie die Absendung jener Summe an den Legaten, und dass ferner die Mehrzahl der schlesischen Städte (mit ihnen sogar der, wie wir noch sehen werden, entschieden

---

[1]) Auch die auswärtigen Äbte, welche hier Häuser besassen, z. B. Leubus und Kamenz. Vgl. Galhard's Bericht, Theiner 392.

klerikal gesinnte Herzog Konrad von Oels) sicherlich nicht so geduldig jedes Jahr ihre Quote nach Breslau gezahlt hätten, wenn nicht ein Rechtstitel vorgelegen, oder wenn der vom Papste bestellte Einnehmer energisch gegen diesen Modus protestirt hätte, werden wir geneigt sein, auch hierbei ein Abkommen als vorhanden anzunehmen.

Genauer noch sind wir über die zweite Form jener päpstlichen Besteuerung, jenen alten sechsjährigen Zehnten, unterrichtet, von welchem noch immer bedeutende Reste einzuziehen waren. Hierbei erfahren wir ganz direct, dass zwei Breslauer Domherren, Herrmann von Beczaw, zugleich Dechant des Kreuzstiftes, und Heinrich von Jäschgüttel durch Peter zur Einsammlung desselben bevollmächtigt worden waren [1]). Und eben so war bezüglich der Ansprüche, welche die päpstliche Kammer an die Administratoren Nicolaus von Banz und Heinrich von Drogus machte, in so weit ein Abkommen getroffen, dass Nicolaus eine Generalquittung Peter's vorweisen konnte [2]).

Es musste nun nothwendig böses Blut machen, wenn Galhard alle diese Verträge, die sein Vorgänger geschlossen, und welche die Interessenten mit bedeutenden Opfern erkauft hatten, einfach für ungiltig erklärte, und wenn dies wirklich das päpstliche Interesse erheischte, so hätte wenigstens unter den hier obwaltenden eigenthümlichen Verhältnissen nur mit grosser Vorsicht vorgegangen werden sollen. Doch davon finden wir in Galhard's Verhalten keine Spur; in Bezug auf den Peterspfennig bemerkten wir schon, wie er die Breslauer und ihre Genossen einfach als Nichtzahlende ansah, und dem gemäss gegen sie verfuhr, obwohl doch in Anbetracht der grossen Schwierigkeiten, welche die Einsammlung des Peterspfennigs hier in Schlesien mehr und mehr gemacht hatte, der Anschlag von 1329, welcher dem päpstlichen Stuhle einen jährlichen Ertrag von 118 Mark verhiess, etwas nicht so ganz von der Hand zu Weisendes war. Noch schlimmer verfuhr er in der Sache des sechsjährigen Zehntens. Hier begnügte sich Galhard nicht damit, den beiden von seinem Vorgänger bevollmächtigten Geistlichen die Sammlung sofort abzunehmen, sondern er fuhr sie auch mit heftiger Rede an, nannte sie Diebe und Räuber päpstlicher Gelder, so dass selbst der so gut gesinnte Bischof Nanker sich bewogen sah, seine Geistlichen in

---

[1]) Formelb. 290 (ein nach der Überreichung noch zugeschriebenes Stück).
[2]) Theiner I, 393.

Schutz zu nehmen und dem Legaten die Missbilligung seines Verhaltens offen auszusprechen [1]).

Und eben so wenig nahm Galhard Anstand gegen das so gefürchtete Haupt des schlesischen Klerus, Nicolaus von Banz, auf das Heftigste vorzugeben. Jener Quittung des Legaten Peter verweigerte er jede Anerkennung [2]) und machte kein Hehl daraus, dass er von demselben mehr als 1000 Mark aus den Zeiten seiner Administration verlange, und in keinem Falle mit den 300 Mark, zu deren Zahlung sich Nicolaus allenfalls hätte bereit finden lassen, zufrieden sein würde. Ob es wahr ist, wie Galhard selbst behauptet, dass ihm Nicolaus noch persönlich 100 Mark für die Anerkennung der Quittung Peter's geboten, mögen wir dahingestellt sein lassen, wenn jedoch Nicolaus von Banz wirklich der Tyrann war, wie ihn Galhard schildert, vor dem sich der Bischof und der ganze Klerus weit mehr als vor dem Papste fürchtete, dann war es mehr als verwegen einem solchen Gegner so voreilig den Krieg anzukündigen.

Zu diesem rücksichtslosen und unklugen Auftreten des Legaten kam dann noch seine ganz unverholen zur Schau getragene Abneigung gegen die Deutschen überhaupt, die er als Feinde und Verächter der päpstlichen Gewalt ansah [3]). Ganz besonders dieser Umstand war es nun, welcher ihm so von vornherein die schlesische Geistlichkeit in so hohem Grade entfremdete, so dass trotz der Furcht, welche der Gesandte des heiligen Vaters einflössen musste, die Äbte der schlesischen Klöster bei seinem Aufenthalte in Breslau, wie wir sahen, ihre Häuser ihm verschlossen. Wenn das bei dem Klerus möglich war, wird man sich nicht wundern dürfen, dass bei der Bürgerschaft der Hass gegen den Legaten sehr gross war, und als nun gerade in der Zeit seines Aufenthaltes in Breslau die Nachricht von dem Tode Papst Johann's († 1334, 24. December) hier eintraf und damit die Hoffnung erwachte, dass das verhasste System, als dessen Träger Galhard angesehen wurde, sein Ende erreicht haben würde, hatte der Legat vielleicht nicht Unrecht, wenn er sich in Breslau nicht mehr für sicher hielt und sehr froh war, als ihn der

---

[1]) Formelbuch 290.
[2]) „— — (quitacio mag. Petri de Alvernia) que mihi videtur suspecta, vana, frivola, et insnia." Theiner I, 393.
[3]) Wir werden noch weiter unten Äusseruogen Galhard's hierüber mitzutheilen Veranlassung haben.

gut päpstlich gesinnte Konrad von Oels auf allerlei Umwegen über die polnische Grenze brachte¹).

Nach Krakau zurückgekehrt, citirt Galhard die beiden Breslauer Administratoren Nicolaus von Banz und Heinrich von Drogus hieher, und als sie ihr Ausbleiben mit der Weite des Weges und der Unsicherheit der Reise entschuldigen, entschloss er sich noch einmal nach Schlesien zu gehen und zwar nach Oppeln, wo er sich den Herzog und die Bürgerschaft geneigter wusste und setzte für jene beiden einen zweiten peremtorischen Termin an. Hier scheint es allerdings, als ob es mit Heinrich von Drogus zu einem Vergleich gekommen wäre, nach welchem derselbe den Legaten durch die Zusage der Zahlung von 110 Mark abfand²), doch Nicolaus von Banz, bei dem es sich allerdings um eine viel höhere Summe handelte, erschien auch dort nicht und ward daher nun in aller Form excommunicirt.

Dagegen erschien hier in Oppeln auch der uns als Verfasser des Formelbuches bekannte Breslauer Domherr Arnold von Protzan, um im Auftrage des Bischofs und Capitels mit Galhard weiter zu verhandeln, und es ward hier unter Anderem festgesetzt, dass gegen diejenigen Geistlichen, welche noch mit Zahlungen für den sechsjährigen Zehnten im Rückstande waren und um einen niedrigeren Steuersatz zu erlangen, die inzwischen erfolgte Verminderung ihrer Einkünfte betheuert hatten, für den Fall, dass diese Versicherung sich als falsch herausstelle, mit Strafen eventuell selbst mit gänzlicher Absetzung eingeschritten werden sollte³).

Die Spannung in diesen Verhältnissen dauerte noch fort, als König Johann, den inzwischen der am 2. November erfolgte Tod Herzog Heinrich's VI. zum directen Herrn über Breslau gemacht, im Anfang des Jahres 1337 auf seinem Feldzuge gegen die Lithauer hier durchkam um dann nach Beendigung dieses Kampfes, und nachdem er einen neuen Friedensvertrag mit Polen geschlossen (12. März)

---

¹) Theiner I, 390. Es ist schwerlich ein Zufall, dass schon bei dem Anschlage für den Peterspfennig v. J. 1329 dieser Konrad der einzige schlesische Fürst ist, der selbst als contribuirend aufgeführt wird, während sonst überall nur die Städte genannt sind. Es mochte eben sonst nicht räthlich erscheinen, den Fürsten die Einsammlung des Geldes zu überlassen.

²) Theiner I, 393 und 95.

³) Ebendaselbst 370.

von Neuem einige Tage hier zu verweilen (etwa vom 25. März an), bei welcher Gelegenheit er dann auch in den kirchlichen Angelegenheiten zu vermitteln suchte. Natürlich bewies das Capitel das eifrigste Entgegenkommen, und am 30. März urkundet nun der König, dass er mit dem Bischofe und dem Capitel eine völlige Einigung geschlossen und das Bisthum in seinen Schutz genommen habe, indem er dasselbe von allen Lasten und Steuern entbindet und zugleich die schlesischen Fürsten zur Erhaltung des Friedens mit der Geistlichkeit dringend ermahnt und erforderlichen Falls seinen Hauptmann Heinrich von Haugwitz anweist, dem Bisthum wirksamen Schutz zu gewähren [1]. Für diese Zeit hatte Johann auch den Legaten hierher einladen lassen, doch diesem schien Breslau trotz aller Geleitsbriefe ein zu gefährlicher Aufenthalt, und er nahm das sicher unbegründete Gerücht, Nicolaus von Banz habe gedroht, ihn mit dem Schwert oder mit Gift aus dem Wege zu räumen [2]), zum Vorwande seines Nichterscheinens [3]). Dass übrigens der König selbst den Ansprüchen des Legaten wenig günstig gesinnt war, vermögen wir aus der Theilnahme seiner schlesischen Hauptleute an den weiteren Schritten der Breslauer zu erkennen. Diese nämlich antworteten auf die Drohung Galhard's mit dem Interdict wegen ihrer Weigerung, den Peterspfennig an den Legaten abzuführen, mit einem Edicte, welches jeden, der einen päpstlichen Boten aufnähme, ohne dem Rathe und dem Landeshauptmann Anzeige zu machen, mit Güterconfiscation, ja sogar mit dem Tode bedrohte [4]), was nun Galhard auf's Äusserste aufbrachte, so dass er sogleich das Interdict über die Breslauer verhängen wollte und nur auf den Wunsch König Kasimir's von Polen, welcher, nachdem er mit Böhmen wieder in Frieden war, die Dinge in Schlesien ungern auf die Spitze

---

[1]) Im Auszuge bei Stenzel Ss. res. Sil. I, 132. Anm. 4.

[2]) Dass der alte Mann, welchen wir seit so langer Zeit unter sehr schwierigen Verhältnissen so massvoll und besonnen die Angelegenheiten des Capitels haben führen sehen, nun sich zu so brutalen Drohungen habe hinreissen lassen, ist wenig glaublich.

[3]) Die Darstellung in dem Schreiben des Erzbischofs von Gnesen (Th. I, 390) könnte uns glauben lassen, der Legat sei jener Einladung gefolgt, doch zeigen dessen eigene Worte in seinem Berichte (S. 392), dass er seit seiner ersten Anwesenheit in Breslau, „sede vacante" bis zur Abfassung der Berichte (im Sommer 1337) nicht mehr hierher gekommen ist, auch war Johann seit Galhard's Amtsantritt nur eben im Januar 1337 in Breslau.

[4]) So versichert wenigstens Galhard. Theiner I, 392.

getrieben sah, noch bis zum Andreastage (30. November 1337) eine letzte Frist setzte, bis wohin denn aber die Breslauer auch die obenerwähnte Verordnung aufgehoben und seinen Boten freies Geleit zugesichert haben sollten [1]). Als dann auch dieser Termin vorbeiging ohne eine Einigung herbeizuführen, liess er sich durch nichts mehr abhalten, die Breslauer und die mit diesen gleichgesinnten Fürsten, d. h. alle mittel- und niederschlesischen (vielleicht mit Ausnahme Konrad's von Oels [2]) mit Bann und Interdict zu bestrafen.

Natürlich war unter solchen Umständen der gegen Nicolaus von Banz geschleuderte Bannstrahl ganz wirkungslos geblieben, derselbe amtirte nach wie vor, und weder das Capitel noch selbst der Bischof wagte es ihm die Folgen der Excommunication fühlen zu lassen. Auch hatte derselbe Mittel gefunden, jenen Urtheilsspruch direct annulliren zu lassen. Er hätte nämlich gegen das über ihn ausgesprochene Urtheil nach Avignon appellirt, dort allen seinen Einfluss aufgeboten und sicher auch Geld nicht gespart und wirklich Gehör gefunden. Es hatte sich hier doch in Folge des Todes Johannes XXII. ein gewisser Umschwung vollzogen. Der neue Papst Benedict XII., der aus einem fast klösterlich eingezogenen Leben unerwartet auf den päpstlichen Stuhl gerufen worden war, war einerseits doch nicht so allseitig mit den Interessen der Curie vertraut, andererseits begann er seine Regierung mit dem aufrichtigen Bestreben, allerlei Missbräuche, die sich unter der Regierung seines Vorgängers eingeschlichen hatten, abzustellen, so wie überhaupt strenge Gerechtigkeit zu üben, und gerade die Erfahrungen, welche er gleich im ersten Anfange seiner Regierung mit Peter von Auvergne gemacht hatte, mussten ihn mahnen, auch die Legaten sorgfältig zu überwachen. So ging er denn auf Nicolaus' Appellation ein und ernannte drei schlesische Äbte, nämlich die von Leubus, Kamenz und St. Vincenz bei Breslau zu Schiedsrichtern in dieser Streitsache, welche darauf den Legaten zum 31. August 1337 nach Breslau

---

[1]) Ebendaselbst. S. 303.

[2]) Sie werden bei einer späteren Gelegenheit (1342, Theiner 1, 448) aufgezählt, und es finden sich darunter Männer von ausgesprochenen kirchlichen Gesinnungen, wie z. B. Ludwig von Brieg — ja damals 1343 wird sogar Konrad von Oels unter den Rebellen genannt, der, wie wir schon sahen und noch sehen werden, sonst am treuesten zu dem Legaten stand.

citirten, um dort über die Wahl eines passenden Ortes, an welchem diese Streitsache weiter verhandelt werden könne, sich zu einigen. Als die Citation in Krakau anlangte, war Galhard gerade nach Ungern verreist, und sein Procurator, Johann von Brest, entwarf sofort eine energische Protestation gegen das ganze Verfahren und gegen die Vorladung an einen einerseits für den Vorgeladenen nicht sicheren und daneben von dessen Aufenthaltsorte mehr als drei Tagreisen entfernten Ort, und liess diese durch den Erzbischof von Gnesen den Äbten übersenden [1]). Den Legaten brachte die Kunde von dem gegen ihn eingeleiteten Processe in den grössten Zorn. Er antwortete damit, dass er den Bischof unter Androhung geistlicher Strafen aufforderte, Nicolaus von Banz, der schon seit zwei Jahren excommunicirt hartnäckig dem Banne trotze, nun wirklich als gebannt zu proclamiren und die Geistlichen anzuhalten, allen Verkehr mit demselben abzubrechen. Hierin aber erblickten wieder die Äbte eine unberechtigte Störung der ihnen übertragenen Jurisdiction und liessen desshalb wieder ihrerseits den Legaten in den Breslauer Kirchen, sowie in der Krakauer Hauptkirche als excommunicirt verkündigen [2]).

Die ganze Angelegenheit gab nun natürlich eine sehr schlimme Präcedenz ab. Der erste, der das von Nicolaus gegebene Beispiel nachahmte, war Herzog Boleslaw von Brieg, den Galhard, weil er eine Schuld von 200 Mark trotz mehrfacher Mahnungen nicht gezahlt, gebannt hatte. Auch auf seine Appellation ward der Decan von Bauzen zum Schiedsrichter gewählt, und alsdann der Legat nach dieser Stadt citirt, wiederum nicht erschien, ward er abermals excommunicirt. Auf demselben Wege gingen jetzt auch die Breslauer sammt ihren Verbündeten vor und erlangten gleichfalls in der Person des Abtes von Grüssau einen ihnen genehmen Richter, welcher auch seinerseits Galhard auf den 17. October nach Schweidnitz vorlud, ohne dass derselbe jedoch diese Citation mehr als die beiden anderen respectirt hätte [3]).

---

[1]) Theiner I, 388.
[2]) Der Bericht Galhard's Theiner I, 393 zeigt, dass noch vor dem ursprünglich angeraumten Termine (31. August) das Auftreten Galhard's gegen Nicolaus von Banz des ersteren Excommunication durch die Äbte bewirkt habe.
[3]) Theiner I, 417.

Natürlich litt unter diesen Verhältnissen, wo die von beiden
Seiten geschleuderten Bannstrahlen schliesslich jede Wirkung derselben aufheben mussten, das Ansehen der kirchlichen Obrigkeit
nicht wenig, und ganz besonders musste Galhard seine Stellung
durch solche Vorgänge gefährdet sehen. So schreibt er denn schon
1337 einen Bericht an den Papst, der einerseits von seiner Erregung
ein deutliches Zeugniss ablegt, andererseits aber in höchst charakteristischer Weise, wenn auch mit etwas grellen Farben seine üble
Lage schildert. Hierin sagt er nun mit klaren Worten, in allen
Theilen Polens, wo Deutsche herrschten, kämen alle Rechte der
päpstlichen Kammer ganz und gar in Verfall, so ginge es in Breslau
und eben so in den Diöcesen Lebus, Kamin und Kulm. In Bezug auf
Schlesien geht er dabei auch wieder von der, wie wir schon sahen,
in den päpstlichen Kreisen festgehaltenen Meinung aus, dass
Schlesien unmittelbar aus der Hand des Königs von Polen in die
des Königs von Böhmen übergegangen sei, wobei also die Periode
der Selbstständigkeit von 1163—1327 ganz ignorirt wird, und
ebenso weicht er erheblich von der Wahrheit ab, wenn er die Zahlung der päpstlichen Abgaben in der Zeit vor der böhmischen
Herrschaft als durchaus geordnet und ununterbrochen darstellt [1]),
während wir oben kennen gelernt haben, wie grosse Schwierigkeiten die Einsammler des Peterspfennigs auch früher gefunden
haben. Um dann die verderblichen Folgen des Eingehens auf die
Appellation der schlesischen Geistlichen zu zeigen, rechnet der
Legat dem Papste vor, wie dasselbe zunächst einen Ausfall von
300 Mark bewirken müsse. Soviel nämlich wäre Nicolaus von Banz
zu zahlen bereit gewesen, nachdem er aber deutsche Richter erlangt,
zahle er keinen Pfennig, eine Argumentation, die freilich nicht ganz
stichhaltig war, da man eben so gut sagen konnte, Galhard selbst
habe den Ausfall herbeigeführt, indem er statt das Anerbieten der
300 Mark anzunehmen, durch zu hoch gesteigerte Forderungen die
Appellation mit ihren Folgen erst provocirt habe. Wenn man, so
fährt dann Galhard fort, auch wirklich eine nochmalige Untersuchung
der Sache hätte anordnen wollen, so hätte man sie doch lieber dem

---

[1] Theiner I, 392. — „Et census b. Petri et decime et omnia jura Camere penitus erant illesa."

päpstlichen Kämmerer oder Schatzmeister übertragen sollen, als sie so in des Klägers eigne Hände zu legen. Denn so sei es in Wahrheit geschehen, die gesammte schlesische Geistlichkeit stände so vollständig unter dem Einflusse Nicolaus von Banz, dass aus ihrer Mitte Niemand gegen denselben zu entscheiden wage. Habe ihm ja doch der Bischof selbst erklärt, er dürfe es nicht wagen, gegen Nicolaus die Excommunication zu verkünden oder ihr auch nur persönlich Folge zu geben.

Überhaupt klagt Galhard über den Bischof, derselbe sei alt und abgelebt („*quodammodo in decripiditate constitutus*"), und wenn das Bisthum erledigt würde, müsse der Papst die Ernennung des Nachfolgers sich vorbehalten und einen Polen hierher bringen, denn wenn man die Wahl dem Capitel überliesse oder dem Einflusse des Königs oder auch nur der Übermacht des deutschen Klerus, würden alle Anrechte der päpstlichen Kammer vollständig in Verfall kommen, wie es bisher überall geschehen sei, wo Deutsche die geistliche und weltliche Gewalt hätten [1]).

Diese Vorstellungen verfehlen nun zwar ihren Eindruck auf den Papst nicht, und derselbe beeilt sich das Verfahren der Äbte gegen Galhard zu annulliren und eine erneuerte Untersuchung der Sache dem Petrus Gervasii, Canonicus von Viviers zu übertragen, der die Parteien vor den päpstlichen Stuhl nach Avignon citiren soll [2]). Inzwischen war es doch, wie wir schon sahen, Herzog Boleslaw ebensowohl als den Breslauern möglich geworden, in Avignon auf ihre Appellation wider den Legaten die Bestellung deutscher Richter zu erlangen, und Galhard sieht sich desshalb veranlasst unter dem 21. September einen Brief voll noch schlimmerer Klagen und Beschwerden dem Papst zu senden [3]).

Ihm scheint das päpstliche Einschreiten gegen die über ihn ausgesprochenen Urtheile nicht scharf und entschieden genug; noch einmal setzt er das Verfahren der Äbte aus einander und berechnet, wie viel diese Angelegenheiten der päpstlichen Kammer kosteten, schon seien die 300 Mark von Nicolaus von Banz verscherzt, denn um den dem Petrus Gervasii ertheilten Auftrag kümmere sich der-

---

[1]) Theiner I, 391—397.
[2]) Ibid. 403. 1338, 28. Febr.
[3]) Ibid. 416.

selbe nicht im Allermindesten [1]), nun gingen auf gleiche Weise auch die 200 Mark des Brieger Herzogs verloren, und die Breslauer mit ihrem Anhang dächten, seitdem sie einen deutschen Richter erlangt, weniger als je an Bezahlung des Peterspfennigs. Und immer neue schlimme Consequenzen sähe man sich entwickeln, jener Heinrich von Drogus der ehemalige College von Nicolaus von Banz in der Verwaltung des Bisthums, der sich früher zur Zahlung von 110 Mark verpflichtet, habe jetzt gleichfalls den ersten Termin vorbeigehen lassen und nichts als leere Entschuldigungen über sein Unvermögen vorgebracht [2]), und wie man erzählte, habe er geäussert, er warte blos darauf, dass man ihn excommunicire, um dann gleichfalls nach Avignon zu appelliren. Ja selbst die Krakauer Bürger, nachdem sie von des Legaten Excommunication gehört und in dem durch die Vorspiegelungen der Breslauer erregten Glauben, derselbe sei in Ungnade von seinem Posten abberufen worden, wollten jetzt die der päpstlichen Kammer gehörenden Geldsummen, welche sie noch hinter sich hätten, nicht herausgeben. Und was das Schlimmste sei, auch die Polen fingen an, schwierig zu werden und äusserten mehrfach, sie wollten nicht allein Sclaven sein, während die in ihrem Lande und von ihren Gütern lebenden Deutschen ganz frei seien. Kurz es sei die höchste Zeit, hier energisch einzuschreiten, wenn man nicht Alles verloren gehen sehen wolle.

Es lag unzweifelhaft etwas Wahres in diesen Klagen Galhard's, wenn gleich derselbe an der üblen Wendung der päpstlichen Angelegenheiten die meiste Schuld trug. Wie wir schon wissen, hatte der Legat um's Ende des Jahres 1337 [3]) über die Breslauer und ihre Verbündeten das Interdict verhängt. Diese aber waren weit entfernt, nachzugeben und eben so wenig ihre Verbündeten, obwohl einer derselben, Konrad von Oels, am 11. Februar 1338 (?) den Rathsherren desshalb Vorstellungen machte, und als die Breslauer darauf hinwiesen, wie die Anordnungen bezüglich des Peterspfennigs, an welchen sie festhielten, damals (1327) unter Zustimmung des Königs zu Stande gekommen seien, und dieser ihren Widerstand gegen die Zumuthungen der Legaten billige, erwiderte, in Sache des

---

[1]) „Non curat in una faba."
[2]) „Allegans paupertatem et nescio quas trufas."
[3]) 1337 d. 30. Nov. lief der letzte den Breslauern gestellte Termin ab, vgl. o.

Peterspfennigs hätten die Schlesier immer allein unter dem Papste gestanden, darin habe kein Kaiser oder König etwas zu sagen ¹). Aber mehr als diese dreisten Worte, welche der Rath in seinem Stadtbuche verzeichnete und für die dann der böhmische Hauptmann durch allerlei kleine Quälereien den Herzog büssen liess ²), hat auch Konrad für die päpstlichen Interessen nicht gehabt. Vielmehr nehmen wir wahr, dass, während die vielgeschmähten Breslauer mit ihren Verbündeten, auch jetzt noch unter dem Interdict fortfahren den Peterspfennig zu zahlen und z. B. für 1338 91 Mark abführen, wobei Breslau mit über 25 Mark betheiligt ist ³) (der Legat selbst brachte in diesem Jahre aus ganz Schlesien kaum 30 Mark zusammen), jener beredte Vertheidiger der päpstlichen Rechte zwar seine Zahlungen bei den Breslauern einstellte ⁴), ohne jedoch desswegen dem Legaten seine Contribution zu entrichten, und noch 1343 führt ihn der Legat unter den steuerverweigernden Rebellen auf ⁵).

¹) „Fer. 4. post Scolastice virg. dux Conr. de Ölsin. manifeste locutus est in presentia consulum Wrat., quod duces Slesiae ab antiquo subjecti sunt sedi apostolice ex solutione Denarii b. Petri ita quod nullo modo subjacere debeant imperatoribus aut regibus quihuscumque", so Fr. Faber in seinen handschriftlichen Origines Wratislavienses (Original auf dem Rathsarchiv) aus dem verloren gegangenen Stadtbuche genannt hirsuta hilla F. 3. Es ist nun sehr wahrscheinlich, dass Faber die Aufzeichnung der hirsuta hilla nur verkürzt reproducirte (über ein ähnliches Excerpt F. 6 aus demselben Stadtbuche vgl. Grünhagen: Breslau unter den Piasten. S. 116) und ein zweiter unbekannter Epitomator, wie es scheint aus dem Anfange des XVI. Jahrhunderts (Rathsarch. Coll. Ölsner 990), gibt die Notiz zwar sonst im Wesentlichen in der gleichen Weise an, fügt jedoch hinzu, Herzog Konrad habe jene Worte „vor dem rate zu Breslau und etzlichin rittern" gesagt, welchen Zusatz man wohl schwerlich als einfach ersonnen annehmen wird. Für die sonst so naheliegende Vermuthung, es habe an jenem Tage eine Versammlung der zu jenem Compromiss vereinigten Städte neben welchem, wie wir sahen, Konrad als der einzige Fürst genannt wurde, stattgefunden, finden sich unter diesen Umständen keine Anhaltspuncte.
Zweifelhaft bleibt aber immer noch, ob jene Ritter das Gefolge des Herzogs bildeten, oder ob sie Vasallen des Breslauer Fürstenthums waren, die terrigenae, welche auch bei der Berathung über die Huldigung an Böhmen in Gemeinschaft mit den Breslauer Consules als Berather des Herzogs erscheinen. (Stenzel Sepit. rer. Sil. I, 130.)
²) Vgl. d. Urk. vom 16. Aug. 1338. Sommersberg II. Access. II, 136.
³) Cod. dipl. Sil. III, 91.
⁴) Schon 1337 hat er nicht mehr gezahlt.
⁵) Theiner I, 448. Dass er auch inzwischen dem Legaten nicht besonders befreundet gewesen ist, vermögen wir daraus zu ersehen, dass er in einem Streite mit dem Bischofe, wobei ihm eine Reihe von Gewaltthaten vorgeworfen werden, gegen die Kirche 1340, 20. Januar, auf Nicolaus von Banz als Schiedsrichter compromittirt.

König Johann hatte, wie schon erwähnt, das Verhalten der Breslauer gebilligt [1]), und das Interdict des Legaten, welches in Breslau schwerlich auch nur proclamirt worden ist, blieb ganz wirkungslos, nur der Bischof, auf den einerseits schon die (gleich zu erwähnende) Militscher Angelegenheit Einfluss übte, während er andererseits auch directe Weisungen des Papstes erhalten hatte, wies die Zumuthung, auch seinerseits das Interdict unbeachtet zu lassen, ab und verliess sogar, um weiteren Verwickelungen auszuweichen, Breslau [2]). Im Capitel schieden sich wieder bei dieser Gelegenheit die Nationalitäten auf's Schärfste, die Deutschen, welche die grosse Majorität bildeten, blieben in Breslau zurück, und nur die wenigen polnischen Domherren folgten dem Bischof nach Neisse. Die Breslauer Bürger aber liessen keinen Boten des Legaten in die Stadt und hielten sogar zwei päpstliche Bevollmächtigte, die hier durchpassiren wollten, an, beraubten sie ihrer Briefschaften und erbrachen dieselben.

In allen den bisher geschilderten Verwickelungen hatte sowohl der Bischof als der König immer nur in zweiter Linie gestanden, inzwischen aber entspann sich ein neuer Conflict, der sie beide unmittelbar gegen einander in den Kampf brachte. Der Gegenstand desselben war das Schloss M i l i t s c h.

---

[1]) Nunciaturbericht Galhard's (Theiner I, 417). Nic. cum complicibus suis seducentes clerum et populum civitatis Wratisl. cum litteris regis Boemie fecerunt interdictum per me prolatum violari. Auf diesen hier erwähnten Brief bezieht sich augenscheinlich die viel besprochene Äusserung Herzog Konrad's. Dieselbe datirt also wohl noch aus dem Jahre 1337.

[2]) Die Darstellung Galhard's (a. a. O.) ist in so weit unrichtig, als er den Nicolaus und die Breslauer den Bischof gleichsam aus Breslau vertreiben lässt. Wenn Nauker durch sein Weggehen sich dem Einflusse des Nicolaus von Banz und der Canoniker, dem er jetzt mehrere Jahre lang vollständig nachgegeben hatte, entzog, so lag dies schwerlich in deren Wünschen. Die bisherigen Darsteller dieses Streites, z. B. Klose II, 127, Stenzel Einl. z. d. Bisthumsurk. LXXII. Palacky II, 2, 241, wahrscheinlich verführt durch die Worte der vita Caroli (Böhmer, Fontes I, 258) „Pater meus abstulit eidem (ep.) castrum Milecz ipse vero eum de causa excommunicavit patrem meum. Pater autem meus expulit eum una cum clero de civitate" lassen Nauker erst nach dem Conflict von 1339 die Stadt verlassen, doch sagt schon die Chronik princ. Pol. (Stenzel, Septt. I, 134) bei Erzählung des letzten Vorfalles ganz correct: in Nissam reversus est. Dass übrigens auch Stenzel später auf diesen Umstand aufmerksam geworden ist, zeigt seine Anführung in der schlesischen Gesch. S. 125. Nauker sei 1339 von N e i s s e nach Breslau gekommen.

Der Ort Militsch an der Hauptstrasse von Breslau nach der Weichsel und der Ostsee gelegen begegnet uns schon in den ältesten Aufzeichnungen, welche wir über Schlesien besitzen, so wird er z. B. 1124 in der Reiseroute Bischofs Otto von Bamberg nach Pommern genannt[1]). 1136 erscheint er und zwar als Castell unter den Besitzungen der Gnesener Kirche, doch mit dem Zusatze, dass er in der Breslauer Diöcese liege[2]); aber schon 1155 in der Bestätigungsurkunde des Bisthums Breslau durch Hadrian IV. wird das *castrum Milice* als Besitzthum der Breslauer Kirche und zwar als speciell dem Capitel überwiesen bezeichnet[3]). Dass er dann 1163 bei der Trennung Schlesiens von Polen an das erstere gekommen, und nicht wie Caro behauptet, auf polnischem Gebiete, wenn gleich als Besitzthum der Breslauer Kirche gelegen habe[4]), ersehen wir deutlich aus der Urkunde der schlesischen Herzoge Boleslaus II. und Heinrich III. vom 26. Juni 1249, in welcher dieselben bei einer Erbtheilung untereinander auch über Militsch verfügen[5]). Vielmehr war die Burg, die ihre Lage an der Bartsch in Mitten ausgedehnter Sümpfe sehr fest machte, jetzt als Grenzcastell von besonderer Wichtigkeit, und eben so trug der hier erhobene Grenzzoll nicht unbedeutende Summen ein.

Jene schon erwähnte Urkunde von 1249 zeigt uns nun zwei für die weitere Entwickelung dieser Angelegenheit höchst bedeutsame Puncte.

---

[1]) Pertz Mon. Germ. XIV, 779 und 876, vgl. dazu auch den 8. Bericht des historischen Vereines zu Bamberg. Beil. I, 32.
[2]) Raczynski cod. dipl. maj. Pol. 1. Hasselbach cod. dipl. Pom. I, 28.
[3]) „Castrum Milice ad usus fratrum supradictae ecclesiae deputatum cum pertinentiis suis" Zeitschrift des schles. Gesch. Vereines II, 192.
[4]) Gesch. Polens. S. 190. Caro ist wahrscheinlich zu dieser Meinung gebracht worden durch die Stelle des Nunciaturberichtes 1337, wo es heisst (Theiner I, 395): „castrum dictum Milicz, quod est episcopi et capituli eccles. pred. Wrat. et in regno Polonie predicto". Doch wenn hier nicht, wie es der Legat regelmässig thut, schlesisches Gebiet durch jene Bezeichnung: in regno Polonie bezeichnet werden soll, muss ein Irrthum Galhard's vorausgesetzt werden, der vielleicht dadurch veranlasst ist, dass Militsch, wie gleich erwähnt werden wird, im 14. Jahrhundert eine Zeit lang in polnischem Pfandbesitz war. Hätte Militsch in Polen gelegen, so würde der König Kasimir bei der weiteren Entwickelung dieser Sache unzweifelhaft ganz anders aufgetreten sein.
[5]) Tschoppe und Stenzel 315. In der Urkunde selbst ist von dem (Gross) Grabe versus Poloniam die Rede.

Es residiren in Militsch zwei Castellane, ein herzoglicher und einer im Dienste des Capitels, von denen die Summe der Gewalt allerdings bei dem letzteren ist, so dass man sieht, wie es dem Herzoge nur darauf angekommen ist, sich in dem wichtigen Grenzcastell ein Mitbesatzungsrecht zu sichern.

Die hier dargelegte Verhandlung findet nur zwischen dem Herzog und dem Capitel Statt, ohne dass des Bischofs hierin Erwähnung geschieht [1]). Die Burg mit allen ihren Pertinenzen erscheint als ausschliesslicher Besitz des Capitels, und der Burggraf wird sogar als *castellanus canonicorum* bezeichnet.

Eben so werden im Jahre 1271 von dem Bischof Thomas II. selbst die Militscher Güter als die wesentlichsten Güter des Capitels bezeichnet [2]).

In der Zeit des Bischofs Heinrich, wo so viele Güter der Breslauer Kirche verpfändet wurden, traf auch Militsch dieses Schicksal, es ward an den polnischen Palatin Albert für 75 Mark verpfändet. Als jedoch in den letzten Jahren von Heinrich's Regierung die wiederholten Einfälle der Polen daran mahnten, jene wichtige Grenzfestung nicht länger in den Händen eines Polen zu lassen, drängte das Capitel auf die Wiedereinlösung, und Bischof Heinrich bewirkte dieselbe noch in seinem letzten Lebensjahre 16. Februar 1319, indem er dazu das Geld von den Mansionarien der Cripta der Kreuzkirche unter der Form eines Rentenkaufes auf sein Gut Dornbusch aufnahm [3]). Dass auch jetzt wieder das Capitel in den ausschliesslichen Besitz von Mititsch eintrat, vermögen wir aus einer

---

[1]) In die Zahl der Zeugen, als welche sämmtlich Personen aufgeführt werden, die mit den örtlichen Verhältnissen durch ihre frühere oder jetzige Stellung bekannt geworden sein konnten, beruft man auch Goszlaum *procuratorem episcopi et quondam in Miliez domini Lupi judicem*, und hier glaubt Stenzel in dem Worte Lupi einen Schreibfehler zu erkennen, und conjicirt dafür epi d. h. episcopi; doch ist dies nur eben eine Conjectur, die schon, weil sie dem sonstigen Wortlaut der Urkunde direct widerspricht, unglaubwürdig erscheint. Die Verhandlung erfolgt zwischen dem Herzog resp. dessen Castellan von der einen Seite und dem Capitel und dessen Castellan auf der anderen.

[2]) Stenzel Bisth. Urkunden 44.

[3]) Die zwei Urkunden darüber finden sich in einem Copialbuche dieser Mansionarien im Besitze der Kreuzkirche zu Breslau; zu bemerken ist noch, dass dieses Geld der Bischof zu dem ungewöhnlich niedrigen Zinsfusse von 6 Percent erhielt, während sonst 10 Percent für Rentenkäufe in jener Zeit das Gewöhnliche sind.

Urkunde unseres Formelbuches [1]) zu ersehen, welche in den Anfang der dreissiger Jahre fällt, und deren wir oben schon kurz gedachten. Wie schon erwähnt, war der Breslauer Archidiakon Heinrich von Würben, einer der wenigen polnisch oder streng päpstlichgesinnten Domherren, hier in Breslau in ärgerliche Händel gerathen, und sein Gönner der Bischof, um ihn auf gute Manier fortzubringen, hatte bei dem Capitel sich dafür verwendet, dass dieses ihm den Militscher Zoll verpachte. Doch zahlte derselbe seine Pacht unregelmässig und riss auch andere Militscher Einkünfte des Capitels an sich, deren Bestimmung war, zur Besoldung der Vicare und zu öffentlichen Almosen verwendet zu werden. Auf die Beschwerden des Capitels hatte er trotzig geantwortet und z. B. höhnischer Weise von dem „*pictor*" des Capitels gesprochen, der ihm fälschlich allerlei Vergehen vorgeworfen habe, ausserdem auch die Competenz des Capitels, über ihn als einen Gleichstehenden zu richten, bestritten und schliesslich sich durch den Bischof zu decken gesucht. Hier erfährt er nun eine sehr energische Zurechtweisung. Nachdem ihm das Unpassende seiner Ausdrucksweise gerügt worden, wird ihm nachgewiesen, dass dem Capitel kraft alter Privilegien das Recht zustehe, gegen ihn einzuschreiten, und dass auch das canonische Recht Ausnahmsfälle eines gegen Gleichgestellte anzustrengenden Verfahrens einräume, dass der Bischof mit der ganzen Sache nichts zu thun habe [2]), und er wird schliesslich zur Abstellung der Beschwerden ernstlich ermahnt.

Hierauf scheint der Frieden wiederhergestellt worden zu sein, und Heinrich von Würben gebot noch im Schlosse zu Militsch, als König Johann im Jahre 1337 auf seinem Feldzuge gegen die Litthauer hier vorbeizog und bei seinem trotz aller wiederholten Friedensschlüsse immer gespannten Verhältnisse zu Polen eine Besetzung der wichtigen Grenzburg ernstlich in's Auge fasste.

Dass der König zu Polen nicht durchaus freundlich stand, davon lag die Hauptschuld an den Intriguen des päpstlichen Legaten. Die beiderseitigen Herrscher Johann wie Kasimir waren beide sehr weit

---

[1]) S. 200.
[2]) „Domino enim Episcopo nihil locavimus sed vobis, quamquam ad affectuosas preces ipsius longe leviori pecunia vobis dictum theolonium sit dimissum, quam que ab aliis haberi poterat isto anno."

davon entfernt, von nationalem Hasse gegen einander erfüllt zu sein. In Johann's weitaussehenden politischen Berechnungen spielte die Nationalität kaum eine Rolle, und auch Kasimir war den Deutschen keineswegs Feind, sondern begünstigte vielmehr ihre Ansiedlung in seinem Gebiete. Dagegen hasste Galhard die Deutschen auf's Äusserste, zwischen den Gesinnungen von Polen und Deutschen gegenüber dem päpstlichen Stuhl schreibt er an Benedict XII.[1]) sei ein Unterschied wie zwischen Licht und Finsterniss, jene beugten sich willig der Herrschaft der Mutterkirche, diese wollten dieselbe sich selbst unterthänig und dienstbar machen. Nach seiner Anschauung war die Mission der Polen die Bekämpfung des auf ihre Kosten schon so weit vorgeschrittenen deutschen Elementes, wo immer dasselbe auftrat, in Preussen, Brandenburg, Schlesien. Und er stand nicht allein mit dieser Gesinnung, in den Kreisen der polnischen Geistlichkeit war sie vielfach verbreitet, und z. B. der Bischof von Krakau theilte dieselbe vollständig, aber auch ein Theil des polnischen Adels und gerade die Partei, welche einst am eifrigsten Wladislaw Lokietek auf den Schild erhoben hatte, hegte ähnliche Ansichten. Von besonderer Wichtigkeit war es nun, dass es dem Legaten gelang, auch den Papst mehr und mehr zu seiner politischen Anschauungsweise herüberzuziehen, während derselbe bei Beginn seiner Regierung eben so den Deutschen in Schlesien, wie dem deutschen Orden gegenüber sich sehr freundlich gezeigt hatte.

Auf diese Weise war es Galhard gelungen, die Pläne Johann's auf das Empfindlichste zu durchkreuzen. Wohl hatte es der Letztere vermocht, die Könige von Ungern und Polen mit ihm das Dreikönigsbündniss zu Wischehrad abschliessen zu lassen (Nov. 1335), die uralte Fehde zwischen Polen und seinem treuen Verbündeten, dem deutschen Orden, schweigen zu machen und ihm selbst freie Hand, ja sogar Hilfe von seinen neuen Verbündeten zu dem Kampfe gegen den Kaiser und Oesterreich zu gewähren. Aber die Früchte dieses diplomatischen Erfolges wurden ihm doch sehr geschmälert durch die mehr und mehr zu Tage kommende Unzuverlässigkeit seines polnischen Verbündeten. Freilich wäre es für den jungen Kasimir nicht leicht gewesen, streng an jenem Vertrage festzuhalten, nach-

---

[1]) Theiner I, 396.

dem der Papst denselben verworfen und ein grosser Theil der Magnaten, noch dazu aufgeregt durch den unermüdlich thätigen Legaten, von dem Frieden mit dem Orden ebenso wenig etwas wissen wollte, wie von dem Bündniss mit Böhmen.

König Johann täuschte sich trotz noch mehrfach erneuerter Unterhandlungen schwerlich über die Unsicherheit dieses Friedens mit Polen und wahrscheinlich ebensowenig über die Ursache dieser Umstimmung, und es war sehr natürlich, dass bei seinem unstäten Leben, welches ihn fast jedes Jahr von den östlichen Marken Deutschlands an dessen Westgrenzen fortführte, er selbst und mehr noch wahrscheinlich die Breslauer die Besorgniss hegten, derselbe Einfluss, der Kasimir von dem Wischehrader Bündniss abgezogen habe, könne denselben auch einst zu einem Unternehmen gegen Schlesien treiben, dessen Trennung von Polen der päpstlichen Curie so widerwärtig war, und jedenfalls müsste auch in seiner Abwesenheit das Land für einen solchen Fall gesichert und zur Vertheidigung gerüstet sein.

Selbst im inneren Lande hat Johann immer Werth darauf gelegt, über die festen Schlösser ein gewisses Verfügungsrecht zu haben, und es liegt uns z. B. eine Urkunde vor, in welcher er sich von dem Herzog von Jauer ausdrücklich verbürgen lässt, dass dessen Schlosshauptmann in Canth auch ihm Gehorsam zu leisten habe [1]). In ungleich höherem Grade musste da Militsch seine Aufmerksamkeit auf sich ziehen, das festeste Schloss an der polnischen Grenze, welches eine der wichtigsten Handelsstrassen beherrschte. Und hier gebot der Archidiacon Heinrich von Würben, eine wegen ihrer polnischen Sympathien bei den Schlesiern verhasste Persönlichkeit. Kam durch dessen Vermittlung das Schloss in polnische Hände, so war das von da kaum 7 Meilen entfernte Breslau fortwährend bedroht und dessen Handel mit Preussen auf das Empfindlichste gestört.

Der König war schnell entschlossen, die Burg in seine Gewalt zu bringen; über die Einzelheiten der Verhandlungen sind wir leider nur sehr unzureichend unterrichtet. Auf eine Erwerbung der ganzen Herrschaft Militsch ist es schwerlich abgesehen, und von allen den mit ihr verbundenen Gütern ist sicherlich eben so wenig

---

[1]) Urk. v. 28. März 1337. Annales devolucionis, Handsch. d. Raths-Archivs. S. 40

die Rede gewesen, als von den Revenüen des Grenzzolles. Worauf es dem König ankam, war eben nur das Besatzungsrecht [1]). Das Schloss gehörte, wie wir schon sahen, allein dem Capitel, und an dieses allein hat sich auch der König zunächst gewendet [2]), und wenn er nun von dem Rechte, in Militsch einen Burggrafen zu halten, welches den Herzogen, als deren rechtmässigen Nachfolger er sich ansah, unzweifelhaft zugestanden hatte, Gebrauch machte, so war kaum etwas dagegen zu sagen. Dass das Capitel keinen Widerstand geleistet hat, könnten wir von vornherein aus der uns schon bekannten Gesinnung der deutschen Majorität schliessen, und auch die Erwähnung dieser Angelegenheit in dem Berichte Galhard's [3]) spricht dafür.

Hätte damals ein dem Capitel ergebener Mann den Befehl in Militsch gehabt, so wäre unzweifelhaft die ganze Sache thatsächlich erledigt gewesen, so aber gebot dort der Archidiakon Heinrich von Würben, von dessen Widerspänstigkeit gegen das Capitel wir schon Proben gegeben haben. Ich bin fest überzeugt, dass, wenn uns die Einzelheiten dieser Verhandlungen erhalten wären, wir darin lesen würden, wie man zuerst versucht hat, den Archidiakon loszuwerden oder ihm einen Deutschgesinnten zur Seite zu stellen, wie dies aber an dem hartnäckigen Widerstande desselben gescheitert, und wie dadurch eben der Conflict entstanden ist [4]). Natürlich beeilten sich die polnischen Mitglieder des Capitels auf die erste Nachricht hin, ihrem Gönner dem päpslichen Legaten nach Krakau Meldung zu machen und bestimmten zugleich den Bischof Protest einzulegen, doch auch der König gab sich Mühe die Zustimmung Nanker's zu erlangen, und aus jenen Tagen (1337, 30. März) datirt jenes schon

---

[1]) Auch nach der Darstellung des Legaten ist der Verkauf nur eine der verschiedenen Modalitäten, durch welche das Schloss in die Hand des Königs kommen konnte. Dem ganz entsprechend bleibt auch das Eigenthumsrecht nach Beendigung des Streites trotz der Einnahme des Schlosses durch den König ohne weiteres der Breslauer Kirche, welche dann später dasselbe ungehindert an Konrad von Oels verkauft, während Johann's Nachfolger sich nur das Besatzungsrecht vorbehält.

[2]) Die noch zu erwähnende Urkunde vom 13. Juli 1337 erwähnt auch nur die Verhandlung des Königs mit dem Capitel, ohne des Bischofs zu gedenken.

[3]) Theiner I, 395.

[4]) Bei der bekannten Gesinnung des Capitels und der Abhängigkeit des Bischofs von dem Letzteren hätte man es sicher vermocht, die Sache in aller Stille abzumachen, statt dem Legaten, der ja damals in Krakau verweilte, Gelegenheit zum Einspruch zu geben, wäre nicht ein directer Widerstand durch den Archidiakon geleistet worden.

erwähnte grosse Privileg des Königs für die Breslauer Kirche¹). Ja wir sehen sogar, dass Galhard in seinem Bericht grosse Besorgniss davor zeigt, dass der König doch seinen Willen durchsetzen könnte, und so weit liess sich Nanker doch einschüchtern, dass er seinen Entschluss verzögerte und endlich Johann Breslau verlassen musste ohne seinen Zweck erreicht zu haben, doch ermahnt Galhard dringend den Papst, schleunigst dem Bischof und Capitel auf das Ernstlichste zu verbieten, das Schloss Militsch auf dem Wege des Verkaufs oder in welch anderer Form es sei, in die Hände des Königs von Böhmen kommen zu lassen²). Die Gründe, die er dem Papst hiefür angibt, sind im höchsten Grade charakteristisch. Es würden dort, sagt er, sofort alle päpstlichen Einnahmen in Wegfall kommen. Dies mochte vielleicht ein Motiv sein, welches in Avignon, wo man die schlesischen Verhältnisse wenig kannte und für die finanzielle Seite der Fragen immer sehr feinfühlend war, Eindruck machen konnte, für uns aber, die wir aus des Legaten eigenen Rechnungen wissen, dass an ihn von ganz Schlesien nur Oppeln und später das Neisser Gebiet den Peterspfennig zahlte, dass also die böhmische Besetzung in Bezug auf Militsch nicht wohl eine Verschlimmerung verursachen konnte, kann jene Motivirung nur lächerlich erscheinen. Aber ungleich bedeutsamer ist der zweite und letzte Grund und in Wahrheit der einzige, der Galhard leitet; es würde nämlich, so schreibt er: **jene Besetzung von Militsch, welches auf jener Seite gleichsam der Schlüssel Polens sei und den Fall der nahegelegenen Castelle zur Folge haben müsse, zum grössten und unersetzlichen Schaden des Königs von Polen gereichen**³). Glänzender als durch diese Zeilen kann das Bestehen des Königs Johann auf der Besetzung des Schlosses nicht gerechtfertigt werden, und eben so erhellt hieraus deutlich, wie sehr berechtigt das Zusammenhalten aller Deutschen in Schlesien, Geistlichen wie Laien, in dem Widerstande war gegen die Gesandten der Curie, welche ihre

---

¹) Stenzel Ss. I, 132. Anm.
²) Theiner I, 393.
³) Et cum illo castro, cum sit fortissimum et quasi clavis regni Polonie ab illa parte, omnia castra circum vicina acquiret in prejudicium ac dampnum maximum et irrecuperabile devoll filii vestri dom. regis Polonie supradicti.

kirchliche Gewalt dazu missbrauchte, um im Interesse des Landesfeindes hier zu intriguiren.

Dem König entging es übrigens keineswegs, welcher Einfluss ihm in dieser Sache so feindlich entgegentrat, und wenn es gleich zweifelhaft bleibt, ob schon die erste Einladung an Galhard nach Breslau zu kommen, die Militscher Angelegenheit betraf, so hatte doch wenigstens die zweite Berufung Galhard's nach Prag (vom 13. Juli 1337) ausgesprochener Massen einen Bezug auf diese Angelegenheit [1]). Der Legat jedoch entsprach der zweiten eben so wenig wie der ersten, und der Papst ging im vollsten Masse auf dessen Ansichten ein. Unter dem 12. September 1337 sendet er eine ernstliche Warnung an den Bischof und das Capitel, unter keinen Umständen eine Entfremdung des Schlosses Militsch ohne Wissen des päpstlichen Stuhles geschehen zu lassen [2]), ertheilt zugleich dem König von Polen eine ausdrückliche Belobigung [3]), und lässt die geistlichen Behörden in der Sache mit Nicolaus von Banz und den Breslauern auf das Entschiedenste vorgehen [4]).

Inzwischen war jedoch König Johann von Prag wieder in weite Ferne fortgezogen und verweilte auch das ganze folgende Jahr in Belgien und Frankreich. So mochte Galhard die Sache für abgethan halten, und in seinem zweiten ausführlichen Berichte vom 21. September 1338 thut er ihrer keine Erwähnung und lässt auch nicht vermuthen, dass das Weggehen Nanker's aus Breslau in demselben Jahre damit in irgend einem Zusammenhange gestanden hätte.

Aber die Sache war keineswegs zu Ende, vielmehr wurde sie sogleich wieder aufgenommen, als König Johann im Juli 1339 wieder nach Breslau kam. Es ist sehr wahrscheinlich, dass die Anregung dazu von dem Rathe selbst ausgegangen ist, ja man möchte sogar glauben, dass der Plan, der dann zur Ausführung gekommen, im Kopfe eines der Domherren entsprungen ist, bei denen man allein eine so genaue Kenntniss der betreffenden Persönlichkeit voraussetzen kann.

---

[1]) Angef. bei Palacky: Italien. Reise. S. 85.
[2]) Theiner I, 397.
[3]) Ebendas. 398. Das Motiv dazu finden wir in dem gleichzeitigen Schreiben an Galhard (ebendas. in den Worten „quem multum commendasti per easdem litteras)."
[4]) Ebendas. 420, 424, 426.

Der unglückliche Verlauf, den die Unterhandlungen genommen, mochte den König überzeugt haben, dass es viel klüger gewesen wäre, sich gleich von vornherein in den Besitz des Streitobjectes zu setzen. Jetzt sollte das Versäumte nachgeholt und das Schloss in aller Eile besetzt werden. Der König sammelte auf Kosten der Breslauer [1]) ein kleines Heer und zog vor Militsch. Obwohl nun Heinrich von Würben auch jetzt noch die Übergabe verweigerte, so verstand er sich doch zu einer Unterredung, und die Ritter, welche im Auftrage des Königs diese abhielten, setzten, die Liebe des Archidiakon zum Wein kennend, bei dieser Gelegenheit französischen Wein vor, und als dieser seine Wirkungen äusserte, brachte man ihn, indem man zugleich auf geschickte Weise Zureden und Drohungen anwandte, dazu, die Burg dem Könige zu öffnen [2]).

Die Nachricht davon setzte den Bischof in die grösste Aufregung, die polnischen Domherren, welche in Neisse seine Umgebung bildeten, liessen es sich natürlich angelegen sein, seinen Zorn noch zu steigern, und Nanker fasste endlich den Entschluss, den König persönlich zu mahnen [3]). Nachdem er einmal zu diesem Entschlusse sich aufgerafft hatte, entsprach es ganz seinem religiösen Eifer, dass er denselben in der Weise glorreicher Kirchenstreiter, etwa in dem Style des Bischofs Ambrosius vor Kaiser Theodosius, in Scene zu setzen gedachte; er ging nach Breslau und forderte das

---

[1]) Von den 186 Mk., die in dem städtischen Rechnungsbuche d. J. (p. 66) als „sumptus contra episcopum et clericos" bezeichnet werden, ist gewiss der grösste Theil hiefür verwendet worden.

[2]) Chron. princ. Pol. bei Stenzel Sept. Sil. I, 132.

[3]) Nach der Darstellung der Chr. princ. Pol. a. a. O. könnte es scheinen, als wären in dieser Sache damals mehrfache weitläufige Verhandlungen gepflogen worden, aber eine solche Annahme wird durch die Kürze der gegebenen Zeit ausgeschlossen. Der König kam im Laufe des Juli hier an und reiste Mitte August wieder ab, und in diesen kurzen Zeitraum fällt die Sammlung des Heeres, die Belagerung, der spätere Auftritt mit Nauker und der Anfang der Maassregeln gegen die Geistlichkeit, da kann von mehrfachem Hin- und Herschreiben nicht die Rede gewesen sein. Auch deutet die Mahnung des Bischofs bei seiner Zusammenkunft mit dem König „I°, II°, III° et peremptorie" auf ein abgekürztes Verfahren, bei dem von vorhergehender Mahnung abgesehen worden sei. Ebenso ist es nicht glaublich, dass der Bischof, wie dieselbe Quelle berichtet, schon damals, d. h. vor dem Auftritt mit dem Könige das Interdict über das Breslauer Gebiet verhängt habe. Einmal konnte er das doch nicht thun, wenn er selbst noch einmal persönlich zur Restituirung mahnen wollte, und dann spricht auch die Fassung der noch anzuführenden grossen Bannurkunde Nauker's dagegen.

Capitel auf, mit ihm in feierlichem Aufzuge vor den König zu treten und von ihm die Rückgabe von Militsch zu verlangen. Natürlich waren die Breslauer Domherren, welche ja mit dem Verfahren des Königs ganz einverstanden gewesen, weit entfernt, auf einen solchen Plan einzugehen; nur vier polnisch gesinnte Domherren, der Scholasticus Apeczo (später Bischof von Lebus), Otto von Donin, Cunczco von Schalkaw und Peter von Bilkaw begleiteten den Bischof. Mit diesen ging nun Nanker in das Jakobskloster (das heutige Appellationsgerichtsgebäude), wo der König gerade in einer kleinen Stube neben dem Refector sich aufhielt, um mit seinen Räthen und den Consuln Rath zu pflegen, und klopfte stark an die Thüre. Auf die Frage der Wächter, wer denn so stürmisch bei dem König anzuklopfen wage, erwiederte er, er, der Bischof verlange Einlass. Johann liess ihm sagen, er möge eine Stunde warten, da er jetzt durch wichtige Geschäfte verhindert, ihm nicht Audienz geben könne; doch Nanker fuhr fort zu klopfen, bis man ihn endlich hineinliess. Nun trat er in feierlicher Amtstracht, an goldener Kette das Kreuz *(pectorale)* auf der Brust tragend und ein Crucifix in der Hand haltend, vor den König hin und las von einem Zettel¹) die Worte ab: Herr König ich ermahne Euch zum ersten, zweiten und dritten Male, unverzüglich das Schloss Militsch der Breslauer Kirche zurückzustellen". Johann erwiederte: „Das wird nicht so schnell geschehen, wie Ihr denkt"; darauf wandte der Bischof sein Crucifix so um, dass das Bild des Gekreuzigten dem Könige nicht mehr sichtbar ward ²) und sprach: „und ich excommunicire euch für jetzt und immer im Namen des Vaters, des Sohnes und des heiligen Geistes ³). Johann aber sprach, während die An-

---

¹) Die ausdrückliche Erwähnung des Zettels kann man kaum für einen dazu ersonnenen Umstand halten, offenbar sollten die Worte als vorher aufgeschrieben feierlicher und gewichtiger erscheinen.
²) „E converso lignum St. crucis manu gestans."
³) Es scheint mit dieser Darstellung im Widerspruche zu stehen, wenn Nanker erst später in der noch näher anzuführenden Excommunications-Urkunde gegen die Breslauer vom 13. December 1340 (Stenzel, Bisthums-Urk. 282) den König excommunicirt, ohne der Angelegenheit mit Militsch auch nur mit einem Worte zu gedenken. Doch kann dagegen geltend gemacht werden, dass jene Urkunde nur gegen den Landeshauptmann und die Breslauer gerichtet ist, deren Vergehen auch im Einzelnen dargelegt werden, und dass die Excommunication des Königs als des intellectuellen Urhebers nur mehr beiläufig um der Vollständigkeit willen hinzu-

(Grünhagen.)

wesenden vor dem unerwarteten Auftritt verstummt waren: „Ach bei der Seele Gottes, was ist das für ein Priester, der würde gern ein Märtyrer werden, wenn nur Jemand Lust hätte, ihn dazu zu machen".

Hier auf dem Höhenpuncte des Conflictes zeigte es sich recht deutlich, welch ein Missgriff es gewesen, als man auf den schwierigen Posten eines Breslauer Bischofs statt eines gut geschulten Diplomaten einen schlichten Mann von Nanker's Schlag gestellt hatte, der eben nichts mitbrachte als ein grosses Mass religiösen Eifers. Im entscheidenden Augenblicke hat er unzweifelhaft gethan, was in seinen Kräften stand und hat nicht ohne Kühnheit den feierlichen Apparat kirchlicher Waffen entfaltet, durch welche die Kirche im Mittelalter viele Erfolge erzielt hatte, freilich zumeist gegen Naturen, die aus gröberem Stoffe gemacht waren, als König Johann, diesem gegenüber versagten sie vollständig, er antwortete auf die feierliche Excommunication nur durch ein mitleidiges Lächeln und jene charakteristischen Worte, welche der ganzen Situation eigentlich vollständig die Spitze abbrachen. Und er war unzweifelhaft in seinem Rechte, wenn er in einer Sache, wo er nur das Interesse des Landes gegenüber einem auswärtigen Feinde gewahrt hatte, sich nicht in die Rolle eines Angreifers der Kirche hineindrängen lassen wollte.

Als der Bischof nach der ausgesprochenen Excommunication das Zimmer verlassen wollte, sollen die Breslauer Consuln an ihn herangetreten sein und ihn vorwurfsvoll gefragt haben, wesshalb er den König so in's Gesicht hinein excommunicirt habe, statt ihn zuerst mit sanften Worten anzureden. Der Bischof aber habe ihnen gesagt, sie möchten lieber den König zur Rückgabe des Schlosses veranlassen, denn sie wären auch dabei gewesen, als solcher Schaden der Kirche zugefügt worden sei, und als sie sich damit entschuldigten, dass sie keine Macht dazu gehabt hätten, habe er auch ihnen mit dem Bann gedroht [1]), und schliesslich noch schmähend behauptet, der König

---

gefügt wird. Dass Johann eben wegen der Besetzung von Militsch excommunicirt worden sei, bezeugt Johann's Sohn Karl in seiner Autobiographie (Boehmer) Fontes I, 258, und die folgenden Ereignisse, auf welche sich jene Urkunde bezieht, setzen auch eine starke Provocation von Seiten des Bischofs voraus.

1) In unserer Quelle steht sogar, er habe sie schon wirklich excommunicirt, doch widerstreitet dies zu augenscheinlich der mehrfach erwähnten Bannurkunde. Auch wäre dies doch ein zu tumultuarisches und ungeordnetes Verfahren gewesen, wenn der Bischof so gleichsam gelegentlich die gerade an ihn herangetretenen von den

Johann sei gar kein rechter König, sondern nur ein Königlein. Damit sei der Bischof fortgegangen, Johann aber habe sich später erkundigen lassen, was der Bischof mit jener Schmähung gemeint habe und dieser dann die Erklärung abgegeben, jene herabsetzende Äusserung beziehe sich darauf, dass der König von Böhmen in seinem Lande keinen Erzbischof habe, und wenn er gekrönt werden wolle, erst den Erzbischof von Mainz sich erbitten müsste.

Im Übrigen kehrte am dritten Tage nach jenem Auftritte Nanker nach Neisse zurück, wohin er bald auch die Domherren, welche wohl zuerst in Breslau zurückgeblieben waren, zu einem Generalcapitel berief (1. Sept.)[1]) und bald darauf verliess auch der König Breslau[2]).

Militsch war er weit entfernt herauszugeben, vielmehr hatte er strenge Massregeln zur Bestrafung des Bischofs angeordnet, welche jetzt durch seinen Breslauer Landeshauptmann Cunad von Falkenhain und die Breslauer Consuln zur Vollführung kamen.

Diese nämlich legten durch ein Decret, welches sie im Namen des Königs erliessen, am 10. September 1339 eine vollkommene Sperre auf alle kirchlichen Einkünfte innerhalb der Gebiete von Breslau und Neumarkt[3]), zum Sequester wurde einer der Rathsherrn Hellinbold erwählt[4]) und derselbe behielt diese Verwaltung, auch als er im folgenden Jahre bei der Erneuerung des Rathes aus demselben ausschied, und zwar wurden, wie es scheint, die confiscirten Gelder sofort der Stadt überwiesen, zum Ersatze

---

Breslauer Consuln excommunicirt hätte. Auch hätte er nach dem Ausspruche der Excommunication doch nicht, wie es hier erzählt wird, noch weiteres zu ihnen sprechen können.

[1]) Hier werden unter den Zeugen nach die Häupter der deutschen Partei z. B. Nicolaus v. Banz und Arnold v. Protzan aufgeführt. (Prov. Archiv. Neisser Lagerbücher B. f. 32.)

[2]) Am 11. August ist der König noch hier (Urk. dies. Datums mit der unzweifelhaft verschriebenen Jahreszahl 1338 in dem Breslauer Landbuche A. 50, angeführt bei Jacobi Cod. epistol. reg. Joh. S. 100), am 20. stellt er schon eine Urkunde in Bautzen aus. Sommersberg I, 836.

[3]) Für das Folgende ist die Bauurkunde vom 15. December 1340, Stenzel Bisth. Urk. 282, in welcher zur Motivirung der Excommunication die Sünden der Breslauer aufgezählt werden. Es liegt auf der Hand, dass mehr als hier angeführt wird, in der That nicht vorgekommen ist.

[4]) In der angeführten Urkunde wird er zuletzt genannt, doch in dem Rathskataloge an 6. Stelle.

der Unkosten, welche die Breslauer zur Eroberung von Militsch aufgewendet¹). Doch war natürlich daran nicht zu denken, dass diese Sperre irgendwie vollständig durchgeführt worden wäre. Dagegen spricht schon der geringe Betrag der Summe, welche eingenommen worden (vom 10. September 1339 — 14. März 1340 33¹/₄ Mark und von da bis zum 9. März 1341 281, resp. 201 Mark) sowie auch die Erwägung, dass das Capitel und der deutsche Klerus überhaupt als treue Verbündete der Breslauer nicht allzuhart mitgetroffen werden durften.

Von demselben Tage ab (10. September) ergriff man auch Massregeln gegen das Interdict. Dieses hatte bekanntlich schon gegen Ende des Jahres 1337 der päpstliche Legat über Breslau verhängt, doch hatte, wie wir wissen, die Bürgerschaft sich über dasselbe hinweggesetzt. Wie es scheint, hatten nun die Pfarrer der drei Stadtkirchen, zu St. Elisabeth, Maria Magdalena und zum heiligen Geist, sowie die der Vorstadtkirchen St. Moriz und Nicolaus zwar selbst den Gottesdienst eingestellt, aber sich nicht widersetzt, dass der Rath durch unbeschäftigte Geistliche dort Messe lesen liess. Jetzt aber, nachdem man ernstlich mit der Geistlichkeit gebrochen, verlangte man von jenen Pfarrern unter Androhung der Absetzung die Wiederaufnahme aller gottesdienstlichen Functionen und enthob sie, als sie sich weigerten, sämmtlich ihrer Stellen, übertrug auch dieselben anderen²). In der Domkirche hatte der Bischof, seit der Legat das Interdict ausgesprochen, allen Gottesdienst suspendirt, mit der Peinlichkeit, die ihm eigen war, erbat er sich noch ausdrücklich vom Papst die Erlaubniss, vor Tagesanbruch und bei dringenden Geschäften auch am Tage Gottesdienst halten zu dürfen³). Als er von

---

¹) Die Vergleichung der beiden Stellen der Rechnungsbücher v. J. 1340 (S. 66) Item de Hellimboldo de bonis clericorum 281 Mk. et 11 scot inclusis 80 M. dom. Friczonis und 1339 (S. 65) Nota Hellimpoldus praesentavit hoc anno 33 M. 1 Fert, machte es durchaus wahrscheinlich, dass auch der letztere Posten für dieselbe Sache bestimmt war, und beide Summen werden in der allgemeinen Rechnung mit eingerechnet.

²) Die erwähnte Urkunde nennt die Namen der Abgesetzten, wie der an deren Stelle Eingetretenen; bei den drei städtischen Hauptkirchen sind für jede Kirche mehrere bestimmt. Noch aus dem Jahre 1341 werden zu ihrer Besoldung 100 Mk. ausgeworfen (Rechnungsbücher 68).

³) Theiner I, 428. Allerdings erreichte ihn die päpstliche Erlaubniss erst, als er nicht mehr in Breslau war.

Breslau fortging, hatte er noch einigen Leuten, in die er besonderes Vertrauen setzte, dem Official und dem Subcustos Andreas[1]) die Ermächtigung ertheilt, zu Gunsten Einzelner gewisse Erleichterungen in Beziehung auf das Interdict eintreten zu lassen. Am 24. November 1339 begab sich eine Deputation des Rathes von einem Schlosser begleitet nach der Domkirche und bewirkte eine vollständige Sperrung der Kirche, indem man durch Anlegung neuer Schlösser den Zutritt zu derselben der Geistlichkeit versperrte. Schliesslich werden dann auch noch Massregeln gegen einige Klostergeistliche angeführt, dass nämlich ein Kreuzherr von St. Mathias wegen einer aufreizenden Predigt und einige Canoniker des Sandstiftes aus unbekannten Ursachen durch die Stadtdiener ergriffen und aus der Stadt verwiesen worden seien, und ihre Verbannung sei dann öffentlich und unter grossem Zulaufe des Volkes verkündet worden am 28. April 1340[2]). Ähnliches scheint auch im Vincenzkloster geschehen zu sein[3]).

Wegen aller dieser Gewaltsamkeiten spricht nun der Bischof unter dem 15. December 1340 den Bann aus über den Landeshauptmann Cunad von Falkenhain, über die Rathsherren der Jahre 1339 und 1340, über die von dem Rathe eingesetzten Prediger und endlich über alle die städtischen Beamten, welche an jenen Handlungen Theil genommen.

Von dem Urtheilsspruche wird den schlesischen Archidiakonen von Breslau, Glogau, Liegnitz und Oppeln Mittheilung gemacht und derselbe in der Jakobskirche zu Neisse verkündet, da es in Breslau selbst Niemand aus Furcht vor dem Tode wagen könne[4]).

Diesem Verfahren ging nun noch ein anderes parallel, welches mit noch besserem Erfolge die Differenz auf das rein kirchliche Gebiet hinüber spielte und die ungehorsamen Breslauer zugleich

---

[1]) Vergl. die erwähnte Urkunde S. 285. Dass er bis zu dem Subcustos hinabsteigen musste, zeigt, wie sehr er mit dem Capitel zerfallen war.
[2]) Man könnte hierin eine Bestätigung der schon oben ausgesprochenen Vermuthung sehen, dass die lange Zeit im Schoosse dieses letzteren Klosters fortdauernden Streitigkeiten einen ähnlichen Grund hatten, wie bei dem Domcapitel, und dass jetzt die deutschgesinnte Partei ihre päpstlich gesinnten Gegner unter dem Beistande der Breslauer hinausgeworfen habe.
[3]) In dem Abdrucke bei Stenzel a. a. O. 285 stehen hinter der Angabe des Factums die ganz unverständlichen Worte heresi nove. Statt deren ist, wie mich die Einsicht des Originals überzeugt hat, zu lesen hora nonc.
[4]) Stenzel, Bisthums-Urkunden 282—287.

den Strafen der Ketzer unterwarf. Es war dies, wie es scheint, in jener Zeit keineswegs ungewöhnlich, wenn Bann und Interdict nicht recht verfangen wollte, mit der Anklage der Häresie vorzugehen, das Formelbuch Arnold's von Protzan¹) zeigt uns ein Beispiel, wo während der Sedisvacanz gegen eine Witwe mit ihren Söhnen, welche ein Besitzthum der Kirche nicht herausgeben wollten, in dieser Form eingeschritten wird. So berief denn auch der Bischof, als er die Hartnäckigkeit der Breslauer erkannte, den vom Papst zum Inquisitor gegen die Ketzer verordneten und in dieser Eigenschaft schon vielfach bewährten Dominicaner Johann von Schwenkinfeld²) noch vor Ende des Jahres 1339³) zu sich nach Neisse und trug ihm auf, die Breslauer zur Änderung ihres Sinnes zu bewegen und wenn sie nicht nachgäben, sie unter die Anklage der Ketzerei zu stellen.

In der That konnte es nicht schwer fallen, unter einer Bürgerschaft, die so vollständig mit den geistlichen Gewalten zerfallen war, hinreichendes Material zu einer Anklage wegen Ketzerei zu finden. Wie erzählt wird, hatte ja unter Anderem damals einer der Breslauer Rathsherren, seines Standes ein Gerber, von einem auf dem Markte errichteten Gerüste herab Reden an das Volk gehalten, die den Papst sehr verunglimpften⁴). Dass auch sonst Lehren, wie die des Peter's von Oliva⁵), welcher gegen die Habsucht der Geistlichkeit eiferte, hier leicht Eingang fanden, ist sehr erklärlich.

Schwenkinfeld, dem es weder an Muth noch an Beredsamkeit fehlte, begab sich auch wirklich nach Breslau, und die Breslauer, bei denen er in nicht geringem Ansehen gestanden zu sein scheint, liessen es geschehen, dass er an einem Sonntage am Rathhause vor einer grossen Volksmenge sprach und zu einer Versöhnung mit dem Bischofe und zum Gehorsam gegen die Kirche mahnte. Doch

---

¹) S. 96.
²) In Schweidnitz hatte er z. B. den Process gegen die Beghinen geführt. Formelbuch S. 60, Anmk. u. auch S. 294. 1330, 23. Novmb. empfiehlt ihn Bischof Nanker als einen mit apostolischer Vollmacht versehenen Inquisitor (Prov. Archiv. Dominicaner z. Breslau, Nr. 04).
³) Chronic. princ. Pol. p. 135. Stenzel hat hierzu irriger Weise (wie die gleich anzuführende Urkunde zeigt) d. J. 1341 gesetzt.
⁴) Baovius ann. z. J. 1341 unter Berufung auf das Krakauer Archiv, merkwürdig ist dabei besonders das Eine, dass Schwenkinfeld nicht gegen ihn eingeschritten ist.
⁵) Vgl. über ihn Heyne: Bisthum Breslau I. 733.

als er so weit ging die Rathsherren vor sich zu citiren, erschienen diese nicht, und er musste sich entschliessen, sie selbst auf dem Rathhause aufzusuchen. Bei der hier folgenden Unterredung kam es jedoch zu Äusserungen, welche dem Inquisitor, wie unsere Quelle sagt, wenig gefielen, die ihm sogar geradezu ketzerisch erschienen, was er auch den Consuln nicht verhehlte [1]). Auch hielt er es für gerathen Breslau zu verlassen und sich nach Neisse zu begeben, wo sich auch der ihm zum Collegen in dem Geschäfte der Inquisition bestellte Scholasticus und Official Apetzko befand. An diesem, der bei den Breslauern als einer der vier Begleiter Nanker's bei der Excomunicationsscene wenig in Gunst stand, rächten sie sich dadurch, dass sie seine Eltern, sowie seine Schwiegertochter hier festnahmen [2]).

Einer jener Priester, durch welche die Breslauer dem Interdicte zum Trotze hier Gottesdienst halten liessen, ein früherer Mönch aus Grüssau [3]), Martin, hatte in der Maria Magdalenen-Kirche in einer seiner Predigten (1. Jänner 1340) [4]) seine Berechtigung

---

[1]) Während die Chron. princ. Pol. a. a. O. in ihrer Darstellung augenscheinlich die Dinge zu sehr zusammenrücken lässt, gibt ein umfangreiches Document abgedruckt bei Heyne: Geschichte des Bisthums Breslau. I. 736, Anm. 1, die Einzelheiten der Sache genau an. Ein ausführlicher Auszug davon findet sich bei Klose II. 157 ff. Derselbe bemerkt dazu sehr richtig, dass die Darstellung, als nur von einer der streitenden Parteien ausgegangen, nicht für unparteiisch gelten kann. Heyne setzt die im Text erwähnten Vorgänge erst in den weiteren Verlauf des Streites, Ende 1340, wo Schwenkinfeld nach der scheinbaren Unterwerfung der Rathsherren nach Breslau kam. Doch wenn überhaupt auf den Bericht der Chron. princ. Pol. Werth zu legen ist, so vermag ich in dieser Darstellung nur den Anfang von Schwenkinfeld's Thätigkeit in Breslau zu sehen.

[2]) Klose a. a. O. hat sich für verpflichtet gehalten, den in der erwähnten Urkunde mehrfach vorkommenden Ausdruck nurus durch Tante zu übersetzen. Heyne 744 erklärt den Ausdruck nurus als auf die Eltern des Officials sich beziehend, also Schwägerinn des Officials, aber die Worte „patrem, matrem et nurum nostri officialis" lassen das nicht wohl zu; ich möchte es vorziehen anzunehmen, dass Apetzko erst als Witwer in den Priesterstand getreten sei. — Dass übrigens der Bischof von jener Gewaltthat gegen die nahen Verwandten des Officials in seiner Excommunicationsurkunde keine Notiz nimmt, bleibt auffallend.

[3]) Die Worte der Urkunde habitu seculari resumpto gibt Klose durch: „die weltliche Kleidung angezogen" wieder; was leicht missverstehen ist. Dass er überhaupt keine Weihen gehabt habe, wird nirgends gesagt, er wird also nach seinem Austritt aus dem Orden eben nur statt eines Ordens- ein Weltpriester.

[4]) Dass diese Zeitbestimmung, nicht wie Klose (a. a. O. 159) will, auf die Vertreibung der eigentlichen Breslauer Pfarrer zu beziehen sei, lehrt der Wortlaut der Nankerschen Urkunde.

zu gottesdienstlichen Functionen und speciell zum Hören der Beichte in der Weise motivirt, dass er die kirchliche Lehre von der Indifferenz der sittlichen Qualität des Beichtigers dahin erweiterte, dass überhaupt das Wesentliche einzig und allein in der Person und Gesinnung des Beichtenden selbst liege und dass es nicht im mindesten darauf ankomme, wem man die Beichte ablege, ja er soll gesagt haben, dass man diese nicht nur einem Excommunicirten, sondern auch einem Verschnittenen, einem Laien, einem Ketzer, einem unvernünftigen Thiere, ja selbst dem Teufel ablegen könne. Natürlich war die Nachricht von dieser Predigt für Schwenkinfeld die willkommenste Gelegenheit zum Einschreiten. Er liess durch seinen Bevollmächtigten Johann, den Abt von Leubus und den Presbyter Jescho (Johannes) Salomonis den Landeshauptmann und die Consuln auffordern, jenen Martin zu verhaften und ihn der Inquisition zu übergeben. Doch diese weigerten sich und erklärten sogar, jene Verwandten des Officials, die man schon freizugeben entschlossen gewesen sei, nun als Geiseln für die Sicherheit Martin's noch länger festhalten zu wollen, kerkerten ausserdem einen an den erwähnten Jeschko gesandten Boten Schwenkinfeld's ein und hielten denselben sogar durch fünf Tage in dem gemeinen Gefängniss in der Gesellschaft von Verbrechern gefangen, wesshalb sie denn allesammt der Inquisitor, auf Grund augenscheinlicher Begünstigung von Ketzereien, als ipso facto excommunicirt ansieht. Doch verharren sie in ihrer Verstocktheit, und als einer der Consuln, Peter Glesil, im Laufe des Jahres stirbt, wird derselbe unter Geläut der Glocken und mit allen kirchlichen Feierlichkeiten auf dem Kirchhofe bei St. Elisabeth begraben, ebenso wie dies im folgenden Jahre mit Peter von Patschkau geschieht. Als dann im März 1340 andere Consuln zur Regierung kamen, machen es diese nicht besser, und nachdem es inzwischen dem Inquisitor gelungen ist, jenen Martin in seine Gewalt zu bekommen, confisciren sie verschiedenes Eigenthum des Officials und seiner Familie, sowie eines bei dem Processe betheiligten Notars und machen in einer vor dem Official, sowie vor den Domherren Nicolaus von Banz, Heinrich von Drogus und Nicolaus von Pannewitz abgegebenen Erklärung die Freilassung der noch festgehaltenen Verwandten des Officials von der Entlassung Martin's abhängig.

Es ist nun charakteristisch, dass hier jene bekannten Namen des Nicolaus von Banz und Heinrich von Drogus wieder auftreten, die Führer des Capitels und die alten Verbündeten der Breslauer, und dass diese Letzteren sich eben an jene wenden. Dieselben nahmen auch jetzt wieder eine vermittelnde Stellung ein, und sie waren es auch unzweifelhaft, welche den Gesandten der Breslauer Hoffnung gemacht haben, die Inquisitoren würden Martin entlassen, wenn sie zuerst die Verwandten des Officials freigäben [1]). Sie entlassen auch wirklich den Vater des Officials, doch Martin bleibt gefangen, und nun werden auch die Rathsherren wieder obstinat, halten die confiscirten Güter zurück, und als ihnen dann die Inquisitoren wie ihren Vorgängern erklären, wegen ihrer Begünstigung von Ketzereien unterlägen sie ipso facto der Excommunication, appelliren sie desswegen an den Papst. Diese Appellation ist nun augenscheinlich den Inquisitoren sehr unwillkommen, es mochten die Erfahrungen aus der ersten Zeit Benedict's XII. daran erinnern, dass sich am päpstlichen Hofe doch zuweilen unberechenbare Einflüsse geltend machten, und die Inquisitoren mahnen wiederholt zu einer Verständigung und verlangen das eidliche Gelöbniss, dass die Consuln Genugthuung leisten, d. h. die Gefangenen losgeben, das von ihnen Confiscirte herausgeben, sich einer Kirchenstrafe unterziehen und endlich von ihrer Appellation nach Avignon abstehen wollten, wenn sie das thäten, sollten sie absolvirt werden [2]).

Diese Verhandlungen fanden im November und December 1340 Statt. Nun sprach aber, wie wir schon sahen, Bischof Nanker den 15. December 1340 über den Landeshauptmann und die Consuln in aller Form den Bann, so wie über das

---

[1]) Es ist hier unvermeidlich zwischen den Zeilen unserer Urkunde zu lesen. Wenn die Breslauer nach der Unterredung, in welcher sie die Freilassung ihrer Geiseln von der Martin's abhängig machen, plötzlich den Vater des Officials „sub hac spe" losgeben, so muss ihnen doch bei jener Zusammenkunft Grund zu der Hoffnung gegeben worden sein.

[2]) Die Darstellung unserer Urkunde ist ziemlich verworren. Die Inquisitoren sagen von der beabsichtigten Appellation, „quedam crimina et excommunicationis sentenciam nobis mendaciter objecerunt", und in der That ist in ihrer Darstellung von einer Excommunications-Sentenz gegen die Consuln nirgends die Rede. Dagegen sagen die Inquisitoren selbst, nachdem die Consuln den gleich zu erwähnenden Eid geleistet haben: „dictos excommunicatos absolvimus". Dieser Widerstand löst sich dahin auf, dass die Inquisitoren nur leugnen, einen directen Bannspruch erlassen zu haben, indem sie die Anzeige, die Consuln seien ipso facto der Excommunication erlegen, nicht als solche rechnen. Dafür spricht nicht allein die Analogie des Vorjahres, sondern auch ihre weitere Auslassung über diese Angelegenheit: „(consules) excommunicationis sentencias incidisse".

ganze Fürstenthum das Interdict aus. Auf die Kunde hievon beschlossen Hauptmann und Rath die Inquisitoren beim Wort zu nehmen, um so auf eine verhältnissmässig billige Weise vom Banneloszukommen. Sie erklären sich bereit die Bedingungen der Inquisition zu erfüllen und leisten das geforderte Gelöbniss und zwar, wie die Inquisitoren behaupten, unter Verpfändung ihrer ganzen Habe. Darauf begibt sich Johann von Schwenkinfeld unter sicherem Geleit nach Breslau und überzeugt sich, dass die Gefangenen wirklich freigegeben worden, während die Rückgabe des confiscirten Eigenthumes (nämlich der Verwandten des Officials und des Notars) in kürzester Zeit verheissen wird. Als es sich jedoch um die Absolution handelt, erklärt er, diese nur in bedingter Form aussprechen zu können, denn nachdem sie einmal durch einen legitimen kirchlichen Act (nämlich durch den Bischof) als excommunicirt, für unfähig erklärt worden seien, ihre Ämter weiter zu führen, könne er ihnen diese Qualification nicht eigenmächtig zurückgeben¹). Hiermit war natürlich den Ratsherren wenig geholfen, und dieselben denken nun nicht mehr ernstlich an die weitere Erfüllung jener Verpflichtungen, sondern ziehen nur die Sache hin; und nachdem sie selbst (9. März 1341) bei dem Rathswechsel zurückgetreten waren und andererseits der am 10. April erfolgte Tod Bischof Nanker's auch in diese Verhältnisse einen gewaltigen Umschwung brachte, beschränkten sie sich darauf den Mahnungen der Inquisitoren durch Beschwerden zu antworten und ihre Appellation an den päpstlichen Stuhl wieder aufzunehmen, und den Inquisitoren blieb schliesslich, wenn sie ihre Sache nicht ganz aufgeben wollten, nur übrig an die weltliche Gewalt, d. h. an den König Johann zu appelliren.

Der König war seinem Wesen nach eine den kirchlichen Interessen sehr abgewendete Natur, religiöse Beweggründe haben kaum jemals sein Thun oder Lassen bestimmt, und wenn er zuweilen die Freundschaft des Papstes suchte, so that er es um des Einflusses willen, den der Papst in den europäischen Angelegenheiten geltend machen konnte. Ungleich stärker war religiöser und kirchlicher Sinn bei seinem Sohne Karl ausgebildet, der damals schon

---

¹) *Non restituendo eos ad officia publica, quibus legitime sunt privati in sentencia ecclesie* heisst es an der einen Stelle der Urkunde, und an einer anderen werden sie nur als „aliqualiter absoluti" bezeichnet.

neben seinem Vater eine nicht unbedeutende Rolle spielte. Es scheint, dass derselbe mit dem Verfahren seines Vaters in dem Streit mit Nanker besonders in Betreff der strengen Massregeln, welche derselbe gegen die Geistlichkeit ergriffen, wenig einverstanden war und beide reisten bald nach jener Scene in Breslau, noch vor Ende des Jahres 1339, nach Avignon, um dort eine Aussöhnung mit dem Papste zu erzielen. König Johann hatte nämlich gegen das Verfahren des Bischofs Appellation eingelegt und in dem hierauf bezüglichen Documente einen grossen Theil der in Breslau über die Geistlichkeit verhängten Massregeln als von dem Rathe eigenmächtig vorgenommen desavouirt[1]). Zwar zerschlugen sich damals noch die Verhandlungen, wahrscheinlich nicht sowohl wegen der Militscher Angelegenheit, als wegen des Peterspfennigs, dessen Regulirung man ebenfalls bei dieser Gelegenheit versuchte[2]). Andererseits aber waren die Verhältnisse ganz besonders dazu angethan, die streitenden Parteien von der Nothwendigkeit einer Einigung zu überzeugen. Gerade um diese Zeit begann nämlich Margaretha Maultasch von Tirol ihre Trennung von ihrem Gemahl Johann, dem Sohne des Königs von Böhmen, zu betreiben, und indem Kaiser Ludwig auf diesen Wunsch einging und Margaretha's Hand für seinen Sohn bestimmte, verfeindete er sich vollständig mit Johann, und die gemeinsame Feindschaft gegen den Kaiser musste nothwendig früher oder später Johann und den Papst wieder zusammenführen. Daneben war auch der bei der Militscher Angelegenheit näher betheiligte König von Polen keineswegs feindlich gegen Johann aufgetreten. Wir finden nirgends eine Nachricht, dass er in dieser Sache irgend etwas gethan habe, vielmehr war ihm schon längst jene Art Bevormundung, die man von Avignon aus über ihn ausübte, zuwider geworden, und bei Gelegenheit eines russischen Feldzuges schreibt er in jener Zeit sehr unwillig

---

[1]) „Cum tamen ipse rex in appellacionis quadam a dno. episc. Wrat. suo nomine interposita neget, erepta, quae sibi per dictos superius ascribunt, permisse." Angef. i. d. erwähnt. Urkunde der Inquisitoren, bei Gelegenheit der Thatsache, dass ein gewisser Jakob Wiener, der Familienbesitzthum des Officials occupirt, sich auf eine Schenkung des Königs berufen hatte, wobei übrigens zu erwähnen ist, dass jener Jakob Wiener mehrfach als Gläubiger Johann's und seines Sohnes Karl genannt wird. Cod. dipl. Mor. V. 309.

[2]) Vita Caroli bei Böhmer: Fontes rer. Germ. I, 258.

dem Papste über die Händel, in die ihn derselbe verflechte ¹). Die gespannte Stellung, welche ihm die päpstliche Politik gegenüber von Böhmen vorschreiben wollte, entsprach keineswegs seinen persönlichen Neigungen, welche ihn vielmehr zu dem ritterlichen König und seinem Sohne Karl mächtig hinüberzogen. Gerade im Jahre 1341 schloss er mit dem Böhmenfürsten auf's Neue enge Freundschaft, welche er durch seine Vermählung mit einer Tochter Johann's besiegeln wollte, als der Todesfall der Princessinn dazwischen trat.

Eine neue Wendung musste die ganze Angelegenheit dadurch erhalten, dass am 10. April 1341 Bischof Nanker zu Neisse starb. Wie erzählt wird, hatte sein frommer Eifer, welcher ihn am Charfreitage (6. April) zum Zeichen der Demuth und der Reue mit blossen Füssen die heiligen Gräber in den Kirchen besuchen liess, seinen schnellen Tod herbeigeführt. Seine Frömmigkeit und die ungemeine Strenge seines Lebens hatte ihm viele Herzen gewonnen, er erschien vielen als ein Heiliger, und schon ein Chronist des 14. Jahrhunderts berichtet, wie eine fromme Frau an seinem Todestage einen lieblichen Gesang gehört habe, und wie ihr dann die Offenbarung geworden sei, dies bedeute, dass die Seele Nanker's jetzt durch Engel zum Himmel getragen werde ²). Doch fügt derselbe Chronist auch den lobenden Prädicaten das der Simplicität zu, welche Eigenschaft in der That im guten wie im üblen Sinne sein Wesen charakterisirt und die geringen Erfolge seiner Regierung hinreichend erklärt.

Nach seinem Tode organisirt sich die Administration wieder sofort in dem Sinne, wie einst nach dem Tode Bischofs Heinrich, in spiritualibus trat derselbe Heinrich von Baruth ein, der 1319 die Geschäfte verwaltet hatte, nur an die Stelle seines damaligen Collegen Arnold v. Protzan, der seit 1338 nicht mehr urkundlich erwähnt wird, nahm man, um auch der Minorität ein Zugeständniss zu machen, den schon mehrfach erwähnten Official Apeczko. Die Temporalien blieben wieder vorzüglich in der Hand des alten Nicolaus von Banz, der trotz des grossen Hasses, den der päpstliche Legat auf ihn geworfen, der eigentliche Leiter des Capitels geblieben

---

¹) Caro, Gesch. Polens 231.
²) Chron. princ. Pol. 163.

war, und noch in der letzten Zeit Nanker's als Vertreter der Breslauer Kirche mit dem Herzoge Johann von Steinau verhandelt hatte ¹). An der Bereitwilligkeit des Capitels, die Streitsache mit dem Könige fallen zu lassen, war nicht zu zweifeln. Zwar blieben die Domherren noch in Neisse, zeigten aber ihre Gesinnung deutlich genug, indem sie schon einige Wochen nach Nanker's Tode (5. Mai) eine neue Bischofswahl vornahmen, gegen den ausdrücklichen Willen des Papstes, welcher die Besetzung von Breslau sich selbst vorbehalten hatte, und hierbei die Wahl auf eine Persönlichkeit lenkten, welche bei dem König Johann sehr beliebt war, nämlich auf den jungen Canonicus Przeczlaw von Pogarelle, einen schlesischen Edelmann, der damals gerade in Bologna studirte ²).

Auch nahmen die Administratoren, trotz des auf dem Könige noch ruhenden Bannes, keinen Anstand, als König Johann den Streit der Breslauer mit den Inquisitoren vor sein Forum zog, seiner Ladung nach Prag in so weit Folge zu leisten, dass sie einige der Capitularen in Begleitung des Johann von Schwenkinfeld an den König absandten, unter dem freien Geleit, für welches der gleichfalls vorgeladene Cunad von Falkenhain und die Breslauer Rathsherren bürgen mussten.

Die Veranlassung hierzu hatten eigentlich die Inquisitoren selbst gegeben dadurch, dass sie am Schlusse jenes mehrfach erwähnten Schriftstückes (vom 27. Aug. 1341) den König Johann und den Markgrafen Karl angerufen hatten, das gesammte Besitzthum des Landeshauptmanns, sowie der Breslauer Consuln von 1340 zu confisciren, da dieselben ihre sämmtliche Habe zum Pfande ihrer Erfüllung der gegen die Inquisitoren eingegangenen Verpflichtungen eingesetzt hätten. Hierauf eben hatte der König sich beeilt (schon im September) die streitenden Parteien nach Prag zu laden. Ein unerwarteter Zwischenfall unterbrach hier den Austrag des Zwistes, indem am 28. September der Inquisitor Johann von Schwenkinfeld, in dem Clemenskloster zu Prag, wo er seinen Auf-

---

¹) 1339, Decb. 2. Stenzel. Bisth. Urk. 278.
²) Chron. princ. Pol 135. Einer der älteren Bischofskataloge aus dem Ende des XIV. Jahrhunderts, Zeitschrift des schles. Vereines I, 225 gibt an, er sei mit 30 Stimmen gewählt worden, das hiesse also fast einstimmig. Die päpstliche Bestätigungsurkunde bei Theiner I, 437 sagt von der Wahl, sie sei „per viam compromissi quamvis de facto concorditer" erfolgt.

enthalt genommen hatte, von unbekannter Hand ermordet ward. Der König liess hierauf den Landeshauptmann und die Consuln gefänglich einziehen, gab sie jedoch bald wieder frei, da ihnen keine Schuld an dem Morde nachgewiesen werden konnte. Später heisst es, seien die eigentlichen Mörder in Liegnitz ergriffen und von Herzog Boleslaw auf Bischof Przeczlaw's Verlangen an diesen ausgeliefert worden und hätten dann in Ottmachau drei Breslauer Consuln, Merkelin, Schertelzan und Hellinbold als ihre Anstifter bezeichnet [1]), eine Nachricht, deren Glaubwürdigkeit schon mit Recht bezweifelt worden ist [2]).

Es ist merkwürdig, dass alle die Personen, welche diese Händel hervorgerufen, vom Schauplatze abtreten, ehe dieselben zum Austrage gekommen waren. Nanker und Schwenkinfeld waren todt, und ihnen folgte 1342 am 25. April Papst Benedict der XII., der Breslauer Rath hatte sich erneut, der Landeshauptmann Cunad von Falkenhain schon 1341 sein Amt niedergelegt [3]) und auch König Johann überliess die Weiterführung dieser Verhandlungen vollständig seinem Sohne Karl, dem er auch unter dem 3. Februar 1342 eine hierauf bezügliche Vollmacht ausstellte [4]), wie er denn überhaupt, nachdem er schon 1341 vollständig erblindet war, seit dem Februar 1342 die Verwaltung Böhmens und Schlesiens vollständig seinem Sohne übergab [5]). So war denn der päpstliche Legat Galhard de Carceribus der Einzige, der diese Streitigkeiten von Anfang an durchgemacht hatte, und der mit unversöhnlichem Groll die friedliche Wendung der Dinge ansah [6]). Sicherlich ist es dann sein

---

[1]) Chron. princ. Pol. 127.
[2]) Klose II, 169 macht mit Recht darauf aufmerksam, dass ein Merkelinus unter den Consuln jener Zeit gar nicht vorkommt, und eben so ist es in Betreff Hellinbold's zu bemerken, dass dieser, wenn er gleich in der Nanker'schen Sache sehr thätig war, doch unter den Consuln von 1340, mit welchen allein Schwenkinfeld zu thun hatte, sich nicht befindet, auch ist es kaum denkbar, dass bei der bald darauf erfolgten Versöhnung der Breslauer mit dem Bischof, die Anstifter des Mordes, wenn sie wirklich bekannt gewesen wären, ohne jede Strafe davon gekommen sein sollten, wenigstens ewige Verbannung hätte sie doch treffen müssen, aber wir lesen gar nichts weiter davon.
[3]) 1343 tritt er allerdings wieder ein. Klose II, 2, 392.
[4]) Stenzel Bisth. Urk. 287.
[5]) Vita p. 264.
[6]) Seine Gesinnung spiegelt sich in seinem Bericht von 1343 und in der Stelle über die Schlesier, Theiner I, 445, deutlich ab.

Einfluss gewesen ¹), der König Kasimir zum Zorn gereizt hatte, darüber, dass man in Breslau nicht einen der Polen zum Bischof gewählt hatte, und König und Legat bewirkten dann gemeinsam bei dem Erzbischof von Gnesen, dass dieser sich weigerte, Przeczlaw zu weihen ²). Aber Galhard musste erfahren, dass die Zeit, wo sein politisches Programm: Kampf gegen das Deutschthum um jeden Preis, auch in Avignon gegolten hatte, vorüber war, bei der fortdauernd gespannten Stellung zum Kaiser durfte man sich nicht auch die Luxemburger, deren Einfluss fortwährend im Steigen begriffen war, zu Feinden machen, und am allerwenigsten hätte der Nachfolger Benedict's Clemens VI., der frühere Erzieher des Markgrafen Karl, eine Politik starrer Feindschaft gegen die Luxemburger durchsetzen mögen.

Bischof Przeczlaw war, nachdem er die Nachricht von seiner Wahl noch zu Bologna erhalten hatte, von da selbst nach Avignon gegangen, und nachdem er sich mit dem Papste über die Forderungen, welche er (besonders bezüglich des Peterspfennigs) durchzusetzen übernehmen sollte, geeinigt, auch die ihm bei seiner Jugend noch fehlenden höheren Weihen erlangt hatte, erhielt er die päpstliche Bestätigung, welche der Papst unter dem 28. Januar 1342 dem Breslauer Capitel sowohl wie dem schlesischen Klerus und dem Erzbischof von Gnesen anzeigte ³).

Um die Autorität des päpstlichen Stuhles, welche das Capitel durch die Vornahme einer Wahl trotz der ausgesprochenen päpstlichen Reservation verletzt hatte, wieder herzustellen, half man sich dadurch, dass man annahm, das Capitel hätte vielleicht von jener Reservation keine Kenntniss gehabt ⁴), und auch Przeczlaw versicherte seine Unkenntniss. Im Februar oder März ward er

---

¹) Es mag daran erinnert werden, wie dringend er dem Papste an's Herz gelegt hatte, auf den Breslauer bischöflichen Stuhl nur einen Polen zuzulassen.
²) Chr. pr. Pol. a. a. O. 163. Es ist wunderlich, wenn Caro (Geschichte Polens I, 240) die Sache so dargestellt, als ob Kasimir aus blosser Freundschaft gegen Johann, der noch nicht mit dem Bischofe von Breslau ausgesöhnt gewesen sei, den Erzbischof von Gnesen zur Verweigerung der Weihe veranlasst habe, besonders da Caro hierzu einzig unsere Quelle citirt, welche das Motiv Kasimir's ganz richtig mit den Worten angibt: „— rex Kasimirus — impedivit ejus confirmationem, desiderans promoveri aliquem de suis natis de Cracovia, quoniam plures fuerunt tunc Wratislavienses canonici Cracovie."
³) Theiner I, 437.
⁴) „Reservacionis et decreti hujusmodi forsan ignari."

durch den Bischof Peter von Präneste zu Avignon geweiht, kehrte dann nach Schlesien zurück [1]) und begab sich zunächst nach Neisse, wo ihn auch Markgraf Karl aufsuchte [2]). Die Verständigung ging sehr schnell von Statten [3]). Zunächst wurde der Frieden mit den Breslauern wieder hergestellt, und diesen fiel die Rolle zu, die Genugthuung zu leisten, welche die einst in Nanker verletzte Würde des kirchlichen Oberhauptes erheischte. Aber es war auch hier eine sehr milde Form gewählt. Im Adalbertskloster [4]) erwartete Przeczlaw, nachdem er allgemein freudig begrüsst seinen Einzug in Breslau gehalten, 1342 am 6. Mai [5]) die Rathsherren und Geschwornen, welche vom Rathhause

---

[1]) Dass die Angabe der Chr. princ. Pol. 163 Przeczlaw sei am 5. Mai dem Jahrestage seiner Wahl consecrirt worden, falsch ist, hat schon Stenzel in der Anmerkung zu jener Stelle nachgewiesen, die päpstliche Urkunde vom 19. März (Theiner I, 438) zeigt nun deutlich, dass die Consecration zwischen dem 28. Januar und dem 19. März erfolgt sein müsse, wornach die Anführung bei Heyne Bisthum Breslau I, 810 zu berichtigen wäre.

[2]) Chron. princ. Pol. 167.

[3]) Am 23. April war Karl noch in Kremsier in Mähren (Cod. dipl. Morav II, 407), und den 6. Mai findet schon die feierliche Aussöhnung des Bischofs mit den Breslauern Statt.

[4]) Es ist durchaus wahrscheinlich, dass, wie Heyne am angegebenen Orte 815 bemerkt, gerade das Kloster der Dominicaner in Erinnerung an den Dominicaner Johann von Schwenkinfeld gewählt worden ist. Die Minoriten hatten in der Zeit des Interdicts, desselbe nicht achtend, ruhig ihren Gottesdienst gehalten, und in ihrem Kloster zu St. Jakob hatte der Conflict begonnen, der jetzt im Dominicanerkloster beendet ward. Man sieht, es lebte auch hier jener Gegensatz, der sich so bedeutungsvoll durch die letzten Jahrhunderte des Mittelalters zieht, bis er dann, als sich Luther und der Dominicaner Cajetan gegenüber standen, zu einem weltbewegenden Conflicte herangewachsen ist.

[5]) Schon Stenzel hatte (So. I, 164, Anm. 1) erklärt, es müsse noch genau untersucht werden, ob nicht doch vielleicht jener Einzug des neuen Bischofs erst 1343 erfolgt sei, und Heyne a. a. O. 814 Anm. 1 bestreitet nun bestimmt das seit Klose angenommene Jahr 1342, indem er geltend macht: 1. dass, da Przeczlaw den 5. Mai in Avignon consecrirt worden sei, er unmöglich den Tag darauf seinen Einzug in Breslau habe halten können, 2. dass Balbin's Nachricht im Leben Erzbischof Arnest's von Prag, wonach Przeczlaw noch 1343 die Hilfe dieses letzteren gegen Johann in Anspruch genommen und dessen Excommunication veranlasst habe, dem Jahre 1342 entgegenstehe. Aber diese zwei Gründe sind wenig stichhaltig. Was den ersten anbetrifft, so ist schon oben nachgewiesen worden, dass die Consecration Przeczlaw's nicht den 5. Mai, sondern etwa im Februar erfolgt ist, und ad 2. muss bemerkt werden, dass, wenn an dieser Nachricht überhaupt etwas Wahres ist, sie nur auf einen neuen nach der Aussöhnung erfolgten Conflict bezogen werden könnte. Das von Heyne angenommene Datum 6. Mai 1343 würde sie wenigstens eben so gut ausschliessen, wie das von uns gegebene. Arnest wird den 11. Januar 1343 zum Bischof gewählt und muss

aus hiehergezogen, und dann in Gegenwart des Markgrafen Karl[1]), so wie einer Reihe schlesischer Herzoge, nachdem sie die Zeichen ihres Amtes, Mantel, Barett und Gürtel abgelegt, ihr Bedauern über das Vorgefallene aussprachen und gelobten, dass Ähnliches nicht wieder vorfallen sollte, worauf dann der Bischof Bann und Interdict aufhob. Die Ablegung der Amtstracht war nichts als die symbolische Anerkennung der Excommunication, welche den Rath zur Führung des Amtes unfähig gemacht hatte, eine solche Anerkennung musste der Bischof verlangen, bevor er das Interdict aufhob. Weder diese Ceremonie, noch die bei derselben Gelegenheit ausgesprochenen Entschuldigungen werden den Breslauern als eine besonders empfindliche Demüthigung erschienen sein[2]), wie wenig an eine solche der Lage der Sache nach zu denken ist, zeigt besonders deutlich

gleich nach seiner Wahl nach Avignon gereist sein, von wo er erst um die Mitte Mai zurückkehrte (Pelzel Karl IV. I. 114), es wäre also jenes von Balbin berichtete Einschreiten gegen Johann sicherlich nicht in die Zeit vom 11. Januar bis 6. Mai zu setzen. Ausserdem sprechen für das Jahr 1342 zu deutlich die verschiedenen (im Text noch zu erwähnenden), eine vollzogene Aussöhnung deutlich bekundenden Urkunden vom 1. Juli und 4. October und vor Allem die vom 21. Juli. Es ist doch unmöglich anzunehmen, dass, wie es in dieser letzten Urkunde heisst, die Prälaten und Domherren von Breslau wiederholt auf das Rathhaus gegangen wären und den Bischof und die schlesische Kirche hätten unter die Protection der Stadt nehmen lassen, bevor die Aussöhnung erfolgt und Bann und Interdict aufgehoben war. Auch Stenzel hat sich später für 1342 entschieden, welches Jahr er in der 1853 erschienenen schlesischen Geschichte S. 128 angibt.

[1]) Wenn unser Chronist den Markgrafen neben den namentlich aufgeführten Herzogen nicht besonders nennt, so unterlässt er es wohl nur, weil er schon dessen Reise nach Neisse berichtet hat. Es ist durchaus wahrscheinlich, dass Karl mit dem Bischofe hierhergekommen ist, wo er vom 2. Januar urkundlich vorkommt.

[2]) Als solche wird diese Begebenheit allerdings gewöhnlich dargestellt. Die einzige Quelle für dieselbe ist, wie schon erwähnt, die Chr. princ. Pol., und diese sagt hierüber I, 137 Folgendes: „et processerunt consules et jurati pedestres de pretorio ad monasterium St. Adalberti, et ibi palliis et capuciis et cincturis depositis promiserunt, similia se velle numquam ammodo perpetrare". Dieser Schilderung das Mindeste zuzusetzen, haben wir um so weniger ein Recht, als de Chronist ohnehin sichtlich auf Seite der Geistlichkeit steht und zu deren Gunsten sicher nichts verschwiegen hat. Doch ist gerade bei dieser Gelegenheit der sonst so kritisch besonnene Klose der gewesen, welcher für die neueren Geschichtschreiber den Anstoss gegeben hat, jene Scene durch allerlei Zusätze mehr und mehr in's Jämmerliche zu ziehen. Er übersetzt nämlich (II, 134) „pedestres" durch „mit blossen Füssen" und lässt „Consuln und Geschworne der Stadt ohne Mantel und Gürtel mit blossen Füssen und unbedecktem Haupt vom Rathhause übern Markt, die Albrechtsgasse hinunter bis in die Dominicanerkirche gehen" in directem Widerspruch mit der Quelle, welche das „depositis etc." erst hinter ibi (d. h. in monasterio St. Adalberti) setzt.

(Grünhagen.)

die am 23. Juli 1342 über diese Aussöhnung durch das Capitel bewirkte officielle Aufzeichnung. In dieser heisst es, die Prälaten und Domherren seien mit den Rathsherren in dem Rathhause zusammengekommen und hätten über eine freundliche Beilegung der zu Nanker's Zeit entstandenen Streitigkeiten verhandelt, und die Consuln hätten endlich freimüthig und aufrichtig gelobt, den Bischof, das Capitel und den gesammten Klerus in ihren und der Stadt Schutz zu nehmen, mit ihnen in Freundschaft zu leben und ihnen beizustehen und dieses Gelöbniss alljährlich am Aschermittwoch bei der Erneuerung des Raths zu wiederholen. Über das Ganze solle keine öffentliche Urkunde aufgenommen werden, sondern was die Consuln mit Worten gelobt hätten, das wollten sie in der That ausführen [1]). Über etwaige an die Geistlichkeit gezahlte Entschädigungen sind wir nicht unterrichtet, die städtischen Rechnungsbücher weisen in Beziehung hierauf erst zum Jahre 1345 die kleine Summe von 28 Mark „*pro reparatione domorum canonicis*" auf [2]).

Auch über Schloss Militsch scheint man sich schnell geeinigt zu haben, indem es Karl einfach der Kirche zurückgab, sogar ohne den Vorbehalt des Besatzungsrechtes in die darüber ausgestellte Urkunde [3]) mit aufnehmen zu lassen. Vielleicht bestand sogar in dieser rückhaltslosen Anerkennung des Eigenthumsrechtes der Breslauer Kirche [4]) die von dem Bischof verlangte Genugthuung.

Allerdings konnte dies Karl sehr leicht, nachdem der Bischof schon den 1. Juli d. J. urkundlich erklärt hatte, dass alle Festungen

---

Auch das Niederwerfen der Consuln vor dem Bischof ist ein unerwiesener Zusatz. Am kläglichsten sieht der ganze Auftritt in der Schilderung Heyne's a. a. O. S. 815 ff. aus, der denn auch zu seiner besseren Rechtfertigung neben der Chr. princ. Pol. noch eine Stelle aus der Chronik des Matthias von Miechow (eines Schriftstellers des XVI. Jahrhunderts) aufführt, ohne, wie es scheint, aus der Wiederkehr derselben Worte inne zu werden, dass wir hier nur eine weitere Ausführung des ersteren Berichts vor uns haben, die jedoch Matthias von Miechow nicht selbst vorgenommen, sondern aus der polnischen Chronik des Dlugoss, lib. IX, 1064 entlehnt hat, der jene Stelle schon ganz nach seiner Gewohnheit verschönert und ergänzt hatte.

[1]) Liber niger (Copialbuch des Domcapitels) f. 26. Man wird gestehen müssen, dass diese Fassung, nach welcher der Rath den Bischof und seine Geistlichkeit in protectionem suam recipirt, nicht gerade darnach aussieht, als hätten sich die Consuln für tief gedemüthigt gehalten.
[2]) Cod. dipl. Sil. III, 71.
[3]) 1342. 13. November Liber niger f. 4336.
[4]) Es verdient bemerkt zu werden, dass bei Gelegenheit dieses Streites die Besitzverhältnisse des Schlosses eine gewisse Änderung erfahren zu haben scheinen.

der Breslauer Kirche und des Neisser Gebietes zum Zwecke der Landesvertheidigung dem Könige offen stehen sollten ¹). Überhaupt trat Przeczlaw in das allerengste Verhältniss zur Krone Böhmen, erklärte dessen Fürsten als den rechtmässigen Nachfolger Herzog Heinrich's VI. für seinen Hauptpatron im Herzogthume Breslau, verpflichtete sich keinem Angreifer desselben Rath oder Hilfe zu gewähren, ja machte sich sogar anheischig, die schlesischen Vasallen Böhmens, deren Eide er bekräftigt, erforderlichen Falls durch Kirchenstrafen zur Erfüllung ihrer Eide anzuhalten ²), wogegen dann Karl an demselben Tage die Privilegien des Bisthums bestätigte und den Besitz sowie die Rechte des Bisthums überall zu schützen versprach, mit Ausnahme der Herzogthümer Schweidnitz-Jauer, deren Fürsten noch nicht böhmische Vasallen waren, und bei denen er sich auf eine Abwehr directer Angriffe über ihre Grenzen hinaus beschränken müsse ³). Dieses Privilegium wiederholt dann König Johann unter dem 4. October desselben Jahres mit der charakteristischen Auslassung ⁴) des Wortes patronorum bei Erwähnung der schlesischen Vasallenherzoge, indem der König augenscheinlich für den alleinigen Patron des Bisthums gelten wollte.

Den Schlussstein des ganzen Werkes sollte dann die directe kirchliche Verbindung Schlesiens mit Böhmen bilden. Freilich musste um diese zu ermöglichen zunächst eine kirchliche Metropole, ein Erzbisthum für Böhmen geschaffen werden, doch dieser Plan, der in früheren Zeiten schon mehrfach angeregt worden war, wurde damals in der That schon auf's Neue aufgenommen. Unser Chronist knüpft Versuche dieser Art schon an jene wunderliche Schmähung Bischof Nanker's von dem Königlein an, der sich zu seiner Krönung einen Erzbischof borgen müsse ⁵), und in der That war der Streit mit

---

Früher erscheint dasselbe als ausschliessliches Eigenthum des Capitels, nach dem Streite wird es urkundlich als gemeinschaftlich dem Bischof und dem Capitel gehörig bezeichnet. Sommersberg I, 785.
¹) Stenzel. Bisth. Urk. 349.
²) In der eben erwähnten Urkunde.
³) Stenzel a. a. O. 289.
⁴) Wie schon Stenzel a. a. O. 292 bemerkt hat.
⁵) Chronic. princ. Pol. 134. Ich wage nicht zu entscheiden, ob nicht gerade diese Äusserung eine später entstandene sagenhafte Motivirung der Gründung des Prager Erzbisthums ist.

Nanker recht dazu angethan, gerade in Beziehung auf die schlesischen Angelegenheiten die Nothwendigkeit eines eigenen böhmischen Metropolitanverbandes zu zeigen. Bald gestalteten sich auch die allgemeinen Verhältnisse solchem Plane äusserst günstig. Der Erzbischof von Mainz, von dessen Sprengel die neue Metropole abzuzweigen war, hatte sich durch beharrliches Festhalten an der Partei des Kaisers in Avignon äusserst missliebig gemacht, während Karl dauernd in dem allerbesten Vernehmen mit dem Papste stand. So kam denn 1343 die Erhebung Prags zum Range eines Erzbisthums zu Stande, welche dann unter dem 30. April 1344 proclamirt wurde. Bei den Verhandlungen darüber trat noch einmal die slavenfreundliche Gesinnung des päpstlichen Hofes an's Licht, indem der Markgraf unter anderen Puncten auch den beschwören musste, dass die Sprache der Böhmen eine slavische und von der deutschen wirklich verschiedene sei [1]), welches allerdings merkwürdig mit den Nunciaturberichten des Legaten Galbard contrastirt, in welchem immer die Begriffe deutsch und böhmisch als gleichbedeutend angenommen werden.

Die Diöcesen Olmütz und Leutomischl wurden sofort dem neuen Erzbisthum untergeordnet, doch als es sich darum handelte, diesen auch das Bisthum Breslau hinzuzufügen, fanden sich grosse Schwierigkeiten; zwar hatte auch hierin Karl schon die Einwilligung des Papstes zu erlangen vermocht, und zwar wesentlich durch die Concession, dass in Schlesien fortan der Peterspfennig wirklich als Kopfsteuer erhoben werden sollte [2]), aber einerseits stemmte sich am päpstlichen Hofe selbst eine grosse Partei gegen eine Concession, welche der traditionellen Politik so sehr widersprach und dabei zugleich dem alten Verbündeten Polen einen erheblichen Verlust brachte, andererseits aber wollten auch die Breslauer und die Schlesier überhaupt von einem Erhebungsmodus nichts wissen, dessen Unausführbarkeit ihnen wohl einleuchten mochte [3]). So ist denn die beabsichtigte Verbindung mit Prag unterblieben, ohne dass jedoch die mit Gnesen mehr als dem Namen nach aufrecht erhalten worden

---

[1]) Palacky II, 2, 235.
[2]) Palacky a. a. O. aus einer Urkunde des Vaticans. Vgl. Klose Neue literarische Unterhaltungen. II, 589.
[3]) Vgl. den Brief Clemens VI. vom 26. September 1343 (Stenzel, Bisth. Urk. 292) und die Klagen Galhard's v. J. 1343 bei Theiner I, 498.

wäre, vielmehr erhielt das Bisthum Breslau, indem es sich mehr und mehr und in einer augenfälligen Weise von jeder Verbindung mit der übrigen polnischen Kirchenprovinz fernhielt, schon damals factisch jene Ausnahmestellung, welche man ihm später auch gesetzlich zugestanden hat. Wie sehr man übrigens hier mit dem Plane einer Verbindung mit Prag einverstanden gewesen wäre, mögen wir daraus erkennen, dass man in der Angelegenheit des Peterspfennigs die Vermittelung Bischof Arnest's in Anspruch nahm[1]), der dann auch 1343 hier als Gast verweilt und von der Stadt eine nicht unbedeutende Summe (165 Mrk.) für seine Bemühungen erhält[2]).

In Bezug auf den Peterspfennig sind die Streitigkeiten damals keineswegs zum Abschluss gekommen, doch entzieht sich der Verlauf derselben den Grenzen dieser Darstellung. Die Schlesier haben ihn noch Jahrhunderte lang, wenn auch nicht immer regelmässig bezahlt, aber ich halte es für sehr zweifelhaft, ob die päpstliche Forderung einer kopfweisen Entrichtung sich zu irgend einer Zeit habe durchführen lassen[3]).

Überblicken wir nun noch einmal den ganzen Verlauf der Kämpfe, die wir hier zu schildern versucht haben, so werden wir nicht umhin können einzugestehen, dass dieselben eine totale Niederlage der polonisirenden Politik enthalten, welche die päpstliche Curie besonders seit Anfang des XIV. Jahrhunderts verfolgt hatte. Jene Huldigung der schlesischen Fürsten an Böhmen, welche man in Avignon so ungern gesehen hatte, war jetzt geradezu durch den schlesischen Bischof bestätigt worden, ja derselbe hatte sich für eine Aufrechthaltung dieses Lebensverhältnisses in gewisser Weise verbürgt. Er selbst war zu dem neuen Herrscher in ein engeres Verhältniss getreten, und die allgemeine Schutzherrschaft, welche der polnische König über alle die Bisthümer des Gnesener Sprengels in Anspruch genommen hatte, war jetzt, was Breslau anbetraf, ganz

---

[1]) Stenzel Bisth. Urk. 202.
[2]) Cod. dipl. Sil. III, 69.
[3]) Aus den Anführungen, welche Klose in den Neuen literarischen Unterhaltungen II, 587 ff. und Stenzel Bisthums-Urkunden. Einl. LXXXVIII aus Muratori antiqu. Ital. VI. geben, vermag ich nur zu erkennen, dass der Papst den Peterspfennig kopfweise zu erheben verlangt, aber immer nur in der Form eines Pauschquantums erhalten hat. Wenn Stenzel a. a. O. aus der Summe des in einem Jahre gezahlten Peterspfennigs die Einwohnerzahl Breslau's herauszurechnen versucht, so erscheint mir das mehr als kühn.

(Grünhagen.)

auf den König von Böhmen übergegangen, das Breslauer Capitel hätte die Wahl eines ihm genehmen Bischofs sogar gegen den Willen des Papstes durchgesetzt, und Intriguen, wie sie z. B. bei der Militscher Angelegenheit im polnischen Interesse eingeleitet worden, waren nicht nur vollständig gescheitert, sondern die letzten Verträge des neuen Bischofs mit dem Könige oder dessen Stellvertreter hatten Ähnliches für die Zukunft unmöglich gemacht. Eben so hatte der schlesische Klerus sich nicht abhalten lassen, mit der bei dem päpstlichen Legaten so missliebigen Bürgerschaft Breslaus enge Freundschaft einzugehen und deren Schutz und Beistand zu suchen.

Diese Ereignisse erscheinen recht eigentlich als Vollendung dessen, was sich 1327 vollzogen hatte, nämlich des Anschlusses Schlesiens an Böhmen, jetzt erst wurden auch die kirchlichen Verhältnisse in den Umschwung der Dinge hineingezogen, ihr Schwerpunct aus Polen nach Deutschland verlegt und das Bisthum Breslau definitiv für unser Vaterland gewonnen, ein Resultat, welches wohl über die Provinz hinaus ein allgemeines nationales Interesse beanspruchen kann. Und wenn wir anerkennen müssen, dass diese Erfolge zuletzt durch die Energie und Geschicklichkeit eines so ausgezeichneten Diplomaten, wie Markgraf Karl war, erzielt worden sind, wird hoffentlich diese Darstellung gezeigt haben, wie wesentlich dieselben vorbereitet waren durch den zähen und mit grösster Besonnenheit geführten Vertheidigungskrieg, den Jahrzehnte hindurch das Domcapitel und der deutsche Klerus Schlesiens, treu unterstützt von der deutschen Bevölkerung und speciell der Bürgerschaft Breslaus gegen eine Politik geführt haben, welche den deutschen Interessen die wesentlichsten Gefahren drohte.